JN267900

CD付き

Apprenons le Français et l'anglais

# 英語も
# フランス語も

比較で学ぶ会話と文法

藤田裕二　清藤多加子

評論社

# まえがき

　世の中には，時々，数カ国語を自在にあやつる語学の天才のような人がいます。一つの外国語さえ修得がおぼつかない私たちのような凡人からすると，なぜあんなに語学ができるのかと不思議に思わずにはいられません。そうした語学の達人は，おそらく，それぞれの言語をバラバラに覚えるのではなく，ある言語から他の言語へ，言語の相似性や相違を比較しながら，体系的に修得しているのでしょう。その方がはるかに労力が少なくてすむからです。

　例えば，ここに「私のいとこと彼の婚約者が6時に到着する」という意味の英語とフランス語の文章があります。

　　My cousin and his fiancée arrive at six o'clock.

　　Mon cousin et sa fiancée arrivent à six heures.

　英語の知識を持たない人が，下のフランス語の文章を理解するにはかなりの勉強が必要ですが，英語を習ったことのある人であれば，ほとんど意味は理解できるはずです。

　私たちの多くは，幸いにも中学・高校ですでに6年間英語を学習した経験をもっています。その私たちが，つぎに二つ目の欧米語，例えばフランス語を学習するときには，すでに習い覚えた英語の知識を活用することは，きわめて有効な学習方法であるように思われます。両言語がいかに似ているか，あるいは逆にどのように異なった表現手段を用いているかを考察することによって，それぞれの言語の構造がより鮮明にみえてくるはずです。こうした比較対照による学習方法は，語彙や表現をより簡単に覚えられる

ということのほかに，言語自体を考えるうえでも，さまざまな興味深い問題を提起してくれることでしょう。

今後の国際化する社会では，外国語がますます必要となるであろうことは言うまでもありません。英語はもちろんのこと，EU（欧州連合）の中で中心的役割を担うフランス語の重要性も，増えこそすれ減ることはないと想像されます。本書が，「英語もフランス語も」，共にマスターしたいと願う皆さんの意欲に答えられれば幸いです。

会話の部分を収録したCDがついています。よく聞いて練習してください。

最後に，本書の英語文を何度もチェックしてくださった Ann Beckham さん，フランス語文を丁寧に見てくださった Sylvie Gillet さん，素敵なイラストを描いてくださった東森まみさんに心からの感謝を捧げます。

2002年　夏

著　者

## ■目　次■■

### 第1部　英語とフランス語

1．歴史的交流 ……………………………………………… 8
2．英語とフランス語の現在 …………………………… 10
3．発音について ………………………………………… 15

### 第2部　会話と文法

**I章　社交に関する表現** ──────────── ● CD 1〜10

| | テーマ | 文法と表現 | |
|---|---|---|---|
| 1．自己紹介するI | ・名前・国籍・職業 | ・be と être の活用形 | 26 |
| 2．自己紹介するII | ・年齢・家族 | ・be と avoir | 28 |
| 3．自己紹介するIII | ・住所・趣味 | ・好き・嫌いの表現 | 30 |
| 4．挨拶する | ・出会い | ・挨拶の表現 | 32 |
| 5．紹介する | ・学生生活 | ・補語人称代名詞 | 34 |
| 6．お礼を言う | ・感謝 | ・お礼の表現 | 36 |
| 7．招く | ・パーティ | ・招待を受ける・断る表現 | 38 |
| 8．詫びる | ・お詫び | ・謝罪とその返事の表現 | 40 |
| 9．祝う | ・誕生日 | ・所有形容詞 | 42 |
| 10．願う | ・旅行 | ・祈願の表現 | 44 |

まとめ1　基本文型と語順について ……………………………46

## II章　情報の授受に関する表現 —— ● CD 11〜20

| | | | |
|---|---|---|---|
| 11. 場所を尋ねる | ・出身地 | ・場所に関する表現 | 48 |
| 12. 曜日と時間を尋ねる | ・曜日・時間 | ・中性代名詞 y | 50 |
| 13. 方法を尋ねる | ・パソコン | ・how と comment | 52 |
| 14. 理由を尋ねる | ・食事 | ・理由を述べる表現 | 54 |
| 15. 道を尋ねる | ・通りで | ・道を尋ねる言い方 | 56 |
| 16. 数量を言う | ・飲物 | ・中性代名詞 en | 58 |
| 17. 容態を言う | ・病気 | ・冠詞の縮約 | 60 |
| 18. 値段を尋ねる | ・アパート | ・how と combien | 62 |
| 19. 天候を言う | ・天候 | ・非人称構文と形式主語 | 64 |
| 20. 人の描写をする | ・家族 | ・形容詞の位置 | 66 |

まとめ2　冠詞について ……………………………… 68

## III章　語るための表現 —— ● CD 21〜30

| | | | |
|---|---|---|---|
| 21. 過去のことを語るI | ・電話 | ・複合過去 | 70 |
| 22. 過去のことを語るII | ・コンサート | ・半過去 | 72 |
| 23. 過去の習慣 | ・思い出 | ・反復を表す副詞 | 74 |
| 24. 近い過去のことを語る | ・ドライヴ | ・経験を表す副詞 | 76 |
| 25. 未来のことを語る | ・予定 | ・be going to と近接未来 | 78 |
| 26. 仮定する | ・盗難 | ・仮定法／条件法 | 80 |
| 27. 比較する | ・ペット | ・比較の表現 | 82 |
| 28. 受け身で語る | ・窃盗 | ・受動態の時制 | 84 |
| 29. 報告するI | ・電話 | ・話法の転換 | 86 |
| 30. 報告するII | ・パーティ | ・時制の一致 | 88 |

まとめ3　動詞の法と時制について ……………………… 90

## IV章　相手との交渉に関する表現 ── ● CD 31〜40

| | | | |
|---|---|---|---|
| 31. 依頼する | ・郵便局 | ・依頼の表現 | 92 |
| 32. 命令する | ・カフェ | ・命令形 | 94 |
| 33. 忠告する | ・地下鉄 | ・忠告の表現 | 96 |
| 34. 勧める | ・レストラン | ・勧める時の表現 | 98 |
| 35. 提案する | ・観光案内所 | ・提案する言い方 | 100 |
| 36. 承諾する | ・ホテル | ・前置詞 à | 102 |
| 37. 断る | ・デパート | ・aller の表現 | 104 |
| 38. 保証する | ・劇場 | ・非人称構文 | 106 |
| 39. 許可する | ・図書館 | ・許可の表現 | 108 |
| 40. 禁止する | ・美術館 | ・禁止の表現 | 110 |

　　まとめ4　接頭辞と接尾辞と記号 ……………………… 112

## V章　態度・感情を表す表現 ── ● CD 41〜50

| | | | |
|---|---|---|---|
| 41. 意見を聞く，言う | ・原子力エネルギー | ・意見を言うための表現 | 114 |
| 42. 賛成する，反対する | ・死刑制度 | ・賛成・反対の表現 | 116 |
| 43. 関心を示す | ・失業問題 | ・代名動詞 | 118 |
| 44. 驚く | ・フランス語が上達する | ・接続法 | 120 |
| 45. 満足する | ・授業 | ・all と tout | 122 |
| 46. 失望する | ・映画 | ・S+V+C+A 構文 | 124 |
| 47. 危惧する | ・運転 | ・ジェロンディフ | 126 |
| 48. 後悔する | ・歯医者 | ・虚辞の ne | 128 |
| 49. 困惑する | ・ストライキ | ・数量を表す副詞 | 130 |
| 50. 賛嘆する | ・プレゼント | ・感嘆文 | 132 |

　　まとめ5　空似言葉 ……………………………………… 134

## VI章　会話を進めるための表現 ────── ● CD 51〜60

| | | | |
|---|---|---|---|
| 51. 話しかける時 | ・指定席 | ・所有代名詞 | *136* |
| 52. 相手の言う事がわからない時 | ・エイズ | ・否定の表現 | *138* |
| 53. ゆっくり言ってほしい時 | ・コインランドリー | ・指示代名詞 | *140* |
| 54. フランス語でどう言うか わからない時 | ・語彙 | ・不定代名詞の on | *142* |
| 55. 出来事を順序よく話す時 | ・料理 | ・使役・放任の動詞 | *144* |
| 56. まとめたい時 | ・友達 | ・不定詞構文と接続詞構文 | *146* |
| 57. 考える時間が欲しい時 | ・約束 | ・大過去 | *148* |
| 58. 念を押す時 | ・キャンセル | ・場所の前置詞 | *150* |
| 59. 合いづちを打つ時 | ・観戦 | ・強調構文 | *152* |
| 60. 相手に話を促す時 | ・買い物 | ・中性指示代名詞 ça | *154* |

　まとめ 6　イディオム ……………………………… *156*

# 付　録

1. 数字　　　　　　　　　　　　　　　　　　　　*161*
2. 時間　　　　　　　　　　　　　　　　　　　　*164*
3. 曜日・月・日付・季節　　　　　　　　　　　　*166*
4. 国・国籍・言語　　　　　　　　　　　　　　　*169*
5. コンピュータ関連用語　　　　　　　　　　　　*171*
6. 英語とフランス語の文法用語対照表　　　　　　*172*

主要参考文献 ………………………………………… *173*

本文イラスト：東森まみ

# 第1部
# 英語とフランス語

1．歴史的交流
2．英語とフランス語の現在
3．発音について

# 1. 歴史的交流

　英語の語彙のなかで，その約半数，日常的に使われる語にかぎってもその約3割はフランス語を中心とするラテン系の語彙だと言われます。それだけ英語とフランス語は歴史的に深い関わりをもってきました。両言語の交流の歴史を概観してみましょう。

　英語とフランス語は，おなじインド・ヨーロッパ語族にふくまれるゲルマン語派とイタリック語派にそれぞれ属しています。英語と同じゲルマン語派に属するのは，ドイツ語，オランダ語，ノルウェー語，スウェーデン語，デンマーク語などで，これらが英語のいわば姉妹言語です。一方イタリック語派にふくまれるラテン語からは俗ラテン語をへてロマンス諸語，すなわちイタリア語，スペイン語，ポルトガル語，そしてフランス語が生まれました。フランス語はロマンス諸語のなかではゲルマン語派の影響をもっとも受けた言語であり，一方英語も一時期フランス語の影響下に置かれ，その痕跡はいまも語彙などに色濃く反映しています。

　英語とフランス語の交流が本格化するのは，11世紀のいわゆる「ノーマン・コンケスト」以降のことです。この出来事を契機として，イギリスではフランス語が公用語になり，あらゆる分野でフランス語が使用されることになります。宗教関係の用語では grace「恵み」, saint「聖人」, conscience「良心」, 法律, 政治用語では jury「陪審」, govern「統治する」, parliament「国会」, budget「予算」, tax「税」, 戦争用語では peace「平和」, conquer「征服する」, あるいは学問用語の logic「論理学」, grammar「文法」, music「音楽」, astronomy「天文学」など, この時期に流入したフランス語は約1万語あるといわれ, そのうちの約7500語はいまなお使われている語です。興味深いのは動物の名前で, 生物としての「牛」「豚」「羊」には英語本来の語である, ox, swine, sheep を使いましたが, 食用の肉としての「牛肉」「豚肉」「羊肉」には, それぞれ beef, pork, mutton というフランス語に由来する話を用いました (*cf.* bœuf, porc, mouton)。このこと

は，生きている動物に接する民衆の間では英語を使い，食肉として接する支配階級ではフランス語を用いるという，当時のイギリスの英仏二言語併用の状況をよく伝えています。イギリスでは1362年にやっと英語が公用語として認められますが，フランス語からの借用は14世紀後半を頂点として以後もつづきます。

　借用の関係が逆転するのは18世紀以降です。17世紀に宮廷文化の担い手としてヨーロッパ各地に流布したフランス語は，18，19世紀には世界の外交語になります。それとあいまって，フランス語はさまざまな言語から語彙を借用し，特に「百科全書派」のイギリスへの関心が引き金となって，18，19世紀には英語から多くの語彙がフランス語に流入しました。スポーツ用語や料理用語など，イギリス風の生活を反映した語が多く，例えば baseball「野球」, golf「ゴルフ」, tennis「テニス」, hockey「ホッケー」, record「記録」, あるいは pudding「プディング」, whisky「ウイスキー」, bifteck「ビフテキ」, rosbif「ローストビーフ」, cocktail「カクテル」, sandwich「サンドウィッチ」などはこの時期の借用語です。この他にも comité「委員会」, congrès「会議」, rail「レール」, tunnel「トンネル」, week-end「週末」など多彩な語がフランス語に取り入れられました。面白いのは，もともとフランス語だったものが英語から逆輸入された例です。budget「予算」がそうで，中世フランス語の bougette がイギリスに渡って budget になり，18世紀に再び故国に戻ってきたのです。sport「スポーツ」も同様で，もともとは中世フランス語の desport, disport が語源です。

| 世界の言語の話者数 | |
|---|---:|
| 1. 中国語 | 1,070 |
| 2. 英語 | 508 |
| 3. ヒンディー語 | 497 |
| 4. スペイン語 | 392 |
| 5. ロシア語 | 277 |
| 6. アラビア語 | 246 |
| 7. ベンガル語 | 211 |
| 8. ポルトガル語 | 191 |
| 9. インドネシア語 | 159 |
| 10. フランス語 | 129 |
| 11. ドイツ語 | 128 |
| 12. 日本語 | 126 |
| (単位・百万人) | |

*Quid 2002*, Robert Laffont

　20世紀になると，フランス語は第1外交語としての地位を英語に譲り，商業・経済の領域でも英語の優位が確立します。特に第2次大戦後は世界のどこの国で

もそうであったように，商業，政治，ジャーナリズム，スポーツなどあらゆる分野で，フランス語のなかに英語が浸透していきます。caméraman「カメラマン」，western「ウェスタン」，happy-end「ハッピー・エンド」，jazz「ジャズ」，rock「ロック」，pull-over「(頭からかぶる)セーター」，blue-jean「ジーンズ」など，多くの英語が日常生活で用いられるようになりました。

ただ，フランスでは英語の過度の影響を排そうとする傾向があり，例えば1960年代にはR．エティアンブルが，「フラングレ franglais (français と anglais の合成語)」という言葉を用いて，英語を過度に使う傾向に異をとなえ，また，1977年には，公式の場での，英語からの借用語の使用を禁止する法律がつくられました。さらに，1994年には再び，広告や宣伝にはフランス語の使用を義務付ける法案が国会に提出されました。言葉にとりわけ大きな誇りをもつフランスならではの現象と言えるでしょう。

## 2．英語とフランス語の現在

現在の世界の共通語はなんといっても英語です。母語の話者の数では，人口の多い中国語に1位の座を譲るものの，英語を公用語としている国の数は45カ国にのぼると言われ，断然1位です。

英語がこれほど世界の共通語として普及したのは，言うまでもなく，アメリカが，世界の政治，経済，商業の中心となったからです。アメリカでは，かつては最初のイギリス移民がもたらした16，17世紀のエリザベス朝時代の英語を話していましたが，先住民族の言語や，アメリカにやってきたさまざまな移民がもちこんだ言語の影響をうけ，もとのイギリス英語とはかなり異なった英語になりました。特に第2次世界大戦後，大国としての地位を築くとともに，いわゆる「アメリカ英語」が，世界に大きな影響を及ぼすようになります。

また旧植民地時代にもちこまれたイギリス英語にしろ，大戦後発展途上国に普及したアメリカ英語にしろ，現地の母語と複雑に混じりあい，いわゆるピジン英

語，クレオール英語と呼ばれる混成英語が各地に生まれました。このことは，かつてのように，英語といえば誰もがイギリス英語を思い浮かべた時代から，各地の文化・言語状況に根ざした複数の英語が存在する，いわば「国際語」としての英語の時代になったことを意味しています。

注）イギリス英語とアメリカ英語は，例えば次のような違いがあります。
- 発音では，英音の［ɑː］，［ɔ］を米音では［æ］［ɑ］と発音することがあります（laugh［lɑːf］/［læf］，fog［fɔg］/［fɑg］）。また母音の後の［r］を英音では発音しませんが，米音はします（car［kɑː］/［kɑːr］）。アクセントの位置も異なる場合があり，例えば英では mágazine，米では màgazíne。
- 綴り字では，英綴りの cheque「小切手」，centre「中心」に対し，米綴りの check, center。一般に英綴りは借用したフランス語綴りに近いと言えます。
- 語彙では，「鉄道」railway（英）/railroad（米），「地下鉄」underground/subway（ただし「地下道」は英で subway, 米で underground），「ガソリン」petrol/gasoline,「映画」cinema/movie,「郵便」post/mail など。また，corn は英では「小麦」，米では「トウモロコシ」をさします。

本書では原則としてアメリカ英語の語法に従っています。

さてフランス語に目を転じてみると，フランス語も，母語として話す人口こそ，世界の言語中，10位とそれほど多くはありませんが，これを公用語としている国は30カ国以上に及び，英語についで，スペイン語と並ぶ世界の最も重要な「実用語」のひとつであることは疑いをいれません。特に，OECD（経済協力開発機構）や NATO（北大西洋条約機構），欧州会議では英語と並んでフランス語が公用語となっている事実からもうかがえる通り，18世紀以来の世界の外交語としての特権的地位を，現在もなお保持していると言えます。

francophonie, すなわち「フランス語を日常的に使用している国々」をみてみると，ヨーロッパでは本国のフランス以外に，ベルギー，スイス，ルクセンブルク，モナコがありますが，フランス，モナコ以外は，フランス語の他に複数の言語を公用語としています。例えばベルギーはフラマン語，ドイツ語，スイスでは

a) 英語が話される国

　・英語を母語かつ公用語とする国：■■■■

　　アメリカ合衆国, オーストラリア, ニュージーランド, イギリス, バハマ, ドミニカ, ジャマイカ, リベリア, ザンビアなど。

　・英語を公用語（のひとつ）とする国：■■■■

　　インド, パキスタン, フィリピン, シンガポール, スリランカ, フィジー, トンガ, カメルーン, エチオピア, ガーナ, ケニア, 南アフリカ, ウガンダ, スーダン, タンザニア, アイルランド, カナダ, ガイアナなど。

**b)** フランス語が話される国

・フランス語を母語かつ公用語とする国：■■■■

フランス，ベルギー，ルクセンブルク，モナコ，スイス，カナダ（ケベック州），仏領ギアナ，ハイチ，マルチニック，セーシェル，レユニオンなど。

・フランス語を公用語（のひとつ）とする国：▨▨▨▨

カナダ，西アフリカ諸国（カメルーン，ニジェール，マリ，モーリタニア，コート・ジボワール，セネガル，コンゴ，トーゴ，チャドなど），マダガスカル，ニュー・カレドニアなど。

ドイツ語,イタリア語がフランス語と並ぶ公用語です。カナダでは,人口の70%が英語を,27%がフランス語を使っていますが,フランス語使用者の80%はケベック州に住んでおり,この州には言語意識からくる独立運動さえあるようです。また西アフリカを中心とする旧フランス領でもフランス語,もしくは現地語との混成語であるフランス系クレオール語が使われたり,あるいはモロッコやアルジェリア,チュニジアなどのようにフランス語とアラビア語の二言語併用がおこなわれている地域もあります。

　従来は,フランス語と言えばもっぱらフランス本国で話されているフランス語のみが対象とされましたが,最近とみに,francophonie で使用されている「国際語としてのフランス語」が注目されるようになったのは,英語の場合と同様です。フランス語圏の文化の多様性を知るためにも,そうした「国際語」としての言語を学ぶことが今後ますます必要となることでしょう。

# 3．発音について

　ここでは英語，あるいは日本語と比較しつつ，フランス語の発音の概略を説明します。

## 1．母音

　フランス語には16の母音があります。日本語の5個（あいうえお），英語の11個（2重母音を含めば20個）に比べればはるかに数が多く，それだけフランス語は微妙な陰影に富んだ美しい音色をもつ言語と言えるでしょう。特に鼻母音という鼻に抜ける音は日本語にも英語にもない，フランス語特有の音で，この言語の柔らかな音色を生み出すもととなっています。

　また，日本語の母音と比べると，フランス語の母音は，唇をすぼめて前に突き出す音が多いという特徴があります。[y], [u], [ø] などがそれで，ユ，ウの音に似ていますが，厳密には日本語にはない音です。フランス語を発音する場合は，一般に日本語よりも唇や舌の動きを活発に行なわなければならないということを念頭に入れておいてください。

　一方英語の母音と比較すると，フランス語の母音には「二重母音」がない点で，「純粋な」響きをもつという特徴があります。英語の二重母音は「言い始めと終わりで口の形が変わってしまう母音」です。例えば eight は [eit] で，[e] の母音が途中で [i] の音に移行します。フランス語にはそうした現象はなく，例えば neige は [nε:ʒ] であって [neiʒ] と発音してはならないのです。英語の既習者の中には，よく j'aime を [ʒεim]，chaise を [ʃεiz] などと二重母音で発音する人がいますが，早くそうした癖を直してそれぞれ [ʒεm]，[ʃε:z] と発音するように心がけてください。

## 2. 子音

英語の子音は、特に語末でははっきり聞こえないことがありますが、フランス語の子音は、語のどの位置にあってもはっきりと声にだして発音します。また母音と同じように唇や舌を緊張させて発音する点で、日本語の子音よりも明快です。

また英語では、[p][k][t]のような無声子音と母音の間で息がもれてhが入るように感じられるのに対し（例えばteaは[t]と[i:]の間に「フッ」のような音が入る）、フランス語ではこうした呼気の流出はなく、いわば「純粋な」音です。この点ではフランス語の子音は日本語に近いと言えます。

## 3. 発音と綴り字

発音と綴り字の関係をみると、英語に比べてフランス語は非常に規則的であると言えます。例えば英語では、aという綴り字に対して、[ə](an)、[ɑ:](father)、[æ](catch)、[ei](skate)、[ɔ:](all)の五通りもの読み方があるのに対し、フランス語ではaは[ɑ]([a])という音のみであり、原則として一つの綴り字に対し一つの音が対応します。ですから、フランス語はいったん規則を覚えてしまえば、あとは辞書を引かなくてもほぼ正しく発音できるという点で、英語より発音のやさしい言語であると言えるでしょう。次にフランス語の発音と綴り字の主な規則を説明します。

### a) 綴り字記号

フランス語には英語にない綴り字記号があります。
- アクサン・テギュ (accent aigu) …é
- アクサン・グラーヴ (accent grave) …à, è, ù
- アクサン・シルコンフレックス (accent circonflexe) …â, ê, î, ô, û

これらのアクサン記号は、強勢を示すいわゆるアクセントではなく、他の語と意味や発音の区別をする、単なる綴り字上の記号です。

- セディーユ (cédille)：c について [s] と発音します。leçon [ləsɔ̃], ça [sa]
- トレマ (tréma)：前の母音と切り離して発音します。naïf [naif], haïr [aiːr]

## b) 単母音字

- **a, à, â**　　　　[a]/[ɑ]：garçon [garsɔ̃]/pâte [pɑːt]

  [a][ɑ] の違いは気にしなくてもかまいません。日本語のアに近い音です。

- **e**　　　　　　　[-]：salade [salad]

  語末の e は発音しません。

- **e**　　　　　　　[ə]：petit [pəti], menu [məny]

  音節の中で e の後に子音字がないときは [ə] と発音します (pe/tit, me/nu)。唇に緊張のないウです。英語の [ə] はアとウの中間のような音で、フランス語の [ə] とは若干異なります。*cf*. 英 assure [əʃuə]

- **e, é, è, ê**　　　[ɛ]/[e]：avec [avɛk], Mitterrand [miterɑ̃]

  音節の中で e の後に子音字があるときは [ɛ] ([e]) と発音します (a/vec, Mit/ter/rand)。[ɛ] は [e] より口を広く開けてエと発音しますが、この二つの音は特に区別しなくてかまいません。アクサン記号のついた e は全て [ɛ] ([e]) です。

- **i, î, y**　　　　　[i]：Italie [itali], Cyrano [sirano]

- **o, ô**　　　　　　[ɔ]/[o]：école [ekɔl], côté [kɔte]

  [ɔ] は [o] より口を広く開けて発音しますが、この二つの音は特に区別しなくてもかまいません。

- **u, û**　　　　　　[y]：salut [saly], sûr [syːr]

  [u] の口のかまえをして [i] と発音します。唇をすぼめて前に突き出します。日本語のユ、英語の [juː] より緊張した音です。*cf*. 仏 musique [myzik], 英 music [mjuːzik]

c) 複母音字

　　二つ，あるいは三つの母音字を一つの母音で発音します。日本語でもくだけた言い方では「知らない shiranai」を「知らねえ shirane」などと言う場合があるのに似ています。英語式に二重母音にしないこと。

- **ai, ei**　　　　　　[ɛ] : vais [vɛ], Seine [sɛn]　　*cf.* 英 eight [eit]
- **eu, œu**　　　　　[œ][ø] : Deneuve [dənœːv], bleu [blø]

英語にも日本語にもない音です。日本語のウより唇の緊張の高いウです。[ø] は唇をすぼめる狭いウ，[œ] は広いウですが，区別しなくてかまいません。

- **au, eau**　　　　　[ɔ][o] : Baudelaire [bɔdlɛːr], Cocteau [kɔkto]
- **ou**　　　　　　　 [u] : Toulouse [tuluːz]

日本語のウより唇をすぼめて前に突き出します。

- **oi**　　　　　　　 [wa] : Renoir [rənwaːr],

日本語のワより唇をすぼめて前に突き出します。

d) 鼻母音

　　フランス語に特有の母音です。息の一部を鼻に抜いて音を出しますが，日本語につられて「アン」「エン」「オン」のように撥音の「ン」が入りやすいので注意が必要です。日本語の「ン」を言う時には口がいったん閉じますが，フランス語の鼻母音は発音し始めと終わりとで口の形は変わりません。口はずっと開いたままです。[ɛ̃] と [œ̃] は区別しなくてかまいません。

- **an, am, en, em**　　[ã] : France [frãs], encore [ãkɔːr]
- **in, im, ain, ein**　　[ɛ̃] : Rodin [rodɛ̃], Rimbaud [rɛ̃bo], simple [sɛ̃pl]
- **un, um**　　　　　 [œ̃] : parfum [parfœ̃]
- **on, om**　　　　　 [ɔ̃] : pont [pɔ̃], nom [nɔ̃]

e) 半母音

　　後に来る母音の影響で，本来の母音の性質を失い子音のようになった音で

す。後ろの母音と結合して一気に発音します。フランス語が母音の衝突を嫌うために起こる現象のひとつです。

- **i＋母音字**　　　　[j-]：piano [pjano], mariage [marja:ʒ]

母音＋[j] の読み方をする語があります。fille [fij], travail [travaj], soleil [sɔlɛj]

- **ou＋母音字**　　　[w-]：oui [wi], ouest [wɛst]
- **u＋母音字**　　　　[ɥ-]：lui [lɥi], nuit [nɥi]

英語には [j] と [w] の半母音はありますが，[ɥ] はありません。cf. yellow [jelou], west [west]

## f) 子音字

　　子音字に関しては，英語は黙字が多く (cou_l_d, chri_s_tmas, com_b_, de_b_t ...)，読むか読まないかの規則は複雑です。それに対し，フランス語は同じ子音が重なったとき (aus_s_i, fem_m_e) や語末の子音字 (Pari_s_, concer_t_) など，限られた場合を除いて黙字は少ないと言っていいでしょう。以下に特に注意すべき子音字を挙げます。

- **c**　　　　　　[s]/[k]：merci [mɛrsi] (e, i, y の前で [s]),
　　　　　　　　　　　　café [kafe] (a, o, u の前で [k])
- **ç**　　　　　　[s]：français [frɑ̃se]
- **h**　　　　　　[-]：huit [ɥit], hôtel [ɔtɛl]

h はどんな場合も発音しません。ただし有音の h と無音の h があり，前者は子音扱い，後者は母音扱いします。

- **g**　　　　　　[g]/[ʒ]：garçon [garsɔ̃] (a, o, u の前で [g]),
　　　　　　　　　　　　manger [mɑ̃ʒe] (e, i, y の前で [ʒ])

[ʒ] は舌が口の中のどこにも触らない状態で発音します。英語の Japan は [dʒ] の音で，舌が上の歯茎に一瞬触れるので，フランス語とは微妙に違います。

- **r** [r] : car [kar]

  舌の背と上あごの間を呼気が通り抜けて行くときに出る摩擦音。舌の先を下の歯ぐきの裏にあてて離さない。舌を後ろに反りかえして出す英語の [r] とは異なった音です。

- **s** [s]/[z] : Sylvie [silvi], mademoiselle [madəmwazɛl]

  s が母音字にはさまれると [z] と読み、そうでない場合は [s] と読みます。

- **ch** [ʃ] : Chine [ʃin], chanson [ʃɑ̃sɔ̃]

  英語の church のように「チ」になることはありません。

- **th** [t] : thé [te], thon [tɔ̃]

  英語の [θ] や [ð] のように舌を嚙む発音ではありません。

- **ph** [f] : photo [foto]

- **gn** [ɲ] : Montagne [mɔ̃taɲ]

  英語にはない音で、日本語の「にゃにゅにょ」に近い音です。

- **qu** [k] : question [kɛstjɔ̃]

  英語の [kw] とは異なります。*cf*. 英 question [kwestʃən]

- 語末の子音字は原則として発音しませんが、c, f, l, r（英語の <u>careful</u> に出てくる子音字と覚えればよい）は発音する場合が多いです：sac [sak], neuf [nœf], mal [mal], bonjour [bɔ̃ʒuːr]

## g) 長音記号

　　長音記号は英語もフランス語も [ː] で表します。英語の場合、長音記号は単に長く発音するというだけでなく、長音記号のつかない母音とは少し異なる音になるので注意が必要です。例えば [iː] は [i] より、[ɔː] は [ɔ] より口の開け方が狭く、唇を緊張させた音になります。フランス語の長音記号はそうした音質の変化はなく、長音記号のつかない母音より、いくぶん長めに発音すればよいのです。

## 4. 音節

　音節とは一つの母音を含む音の単位です。子音で終わる音節を閉音節，母音で終わる音節を開音節と言いますが，フランス語は開音節が多く，この点で日本語とよく似た構造をしています。

　　　pain　　ja/loux　　ja/po/nais　　cf. うた (u/ta), あるく (a/ru/ku)

　英語は閉音節の多い言語です。

　　　cook　　for/get　　for/ev/er

　音節の区切り方で，英仏で異なる場合があります。フランス語では母音にはさまれた子音は後ろの母音と結合しますが (si/len/ce, mo/ral, pré/sent)，同様のケースで，英語では前の母音が短母音であれば，子音は前の母音と結合します (lim/it, ep/och)。

## 5. リエゾンとアンシェーヌマン

　リエゾンは，母音の衝突を避けるために，語末の発音されない子音字と次の語の母音が連結して発音される現象です。

　　　vous êtes [vuzεt]　　un homme [œ̃nɔm]

　アンシェーヌマンは，語末の発音される子音と次の語の母音が連結して発音される現象です。

　　　il est [ilε]　　elle est [εlε]

　英語にもリエゾンやアンシェーヌマンに似た現象 (linking) がありますが，フランス語の場合のように体系的なものではなく，主に r や m, n, ng のような鼻音のあとに母音がきたり，慣用表現の中で子音と母音が連続したときなどに連音します。

　　　far away　　in English　　pick up　　come in　　I have a book.

　また日本語にも，まれですがリエゾンに似た現象があります。

　　　観音　[kan/on→kan/non]

## 6. エリジオン

le, la, je, me, ce, que, ne, de, si などの後で，母音または無音の h で始まる語がくると e や a が'（アポストロフ）に変わりますが，これをエリジオン（母音字省略）といいます。これも母音の衝突を避けるための手段です。

  le avion → l'avion    je arrive → j'arrive

英語にも I'm, she's, we'll, they'd のようにアポストロフをつけた短縮形がありますが，英語では後ろの母音字や子音字が省略されるのに対し，フランス語では前の母音字が省略されるという違いがあります。また，英語の短縮形は，してもしなくてもどちらでもかまわないのに対し，フランス語のエリジオンは，しないと誤りとみなされるという点でも異なります。


## 7. アクセントとリズム・グループ

フランス語のアクセントは固定していて（だから英語のように辞書には表記されません），常に最後の母音にアクセントがあり，ここを他の母音より，少し高く，強く，そして長めに発音します。英語の強調アクセント (stress) のように強くはありません。

  France    Française

英語は個々の単語によってアクセントの位置が異なり，辞書の表示で知る必要があります。

  holiday [hǽlidèi] (´は第1アクセント，`は第2アクセント)

文法的・意味的に一つの単位をなすグループをリズム・グループといいますが，フランス語では，リズム・グループの最後の母音にアクセントがおかれ，他の語のアクセントは失われます。

  Je le voyais / tous les jours.

英語もリズム・グループの最後に stress がおかれるのは同じですが，冠詞や代

名詞，前置詞などの意味の弱い語には stress がかかりません。

    I  used  to  see  him / every  day.
    ・   ・    ●     ・     ●

## 8．リズム

　フランス語ではどの音節もほぼ同じ長さで発音します。ですからひとつの文を同じリズムで発音すれば問題ありません。ただ最後の音節だけいくぶん長めに発音します。

  ・  ・  ・  ・  ・  ・  ●
  Les garçons ont besoin d'argent.

　日本語も1文字1音節の言語ですから，1文字を同じ長さ，同じリズムで発音します。この点，フランス語と日本語は似ています。それに対し英語では等間隔で「弱・強」の2拍子のリズムがありますから，その「拍」の間に音節がたくさんあれば早く，少なければゆっくりと，緩急のスピードで文が発音されます。

    弱○    強●    弱○    強●    弱○    強●
    The little boys   will be needing   some more money.
    The boys        will need        some money.
    The boys        need             money.

　上の3つの英文は発音する所要時間は原則的に同じです。そのために弱拍の will be のような部分は短く速く発音されます。

## 9．イントネーション

　フランス語では，それぞれのリズム・グループの終わりを尻上がりのイントネーションで発音しなければなりません。

    Je suis sorti ↗ / hier soir ↗ / avec mon frère. ↘

　英語はリズム・グループの終わりは特に上げる必要はなく，stress をかけることによってリズム・グループの境を明確にします。

文のイントネーションは，英語もフランス語もほぼ同じで，平叙文や疑問詞で始まる疑問文は下降調，yes, no で答える疑問文は上昇調です。

-I go to France. ↘   -Je vais en France. ↘

-How are you? ↘     -Comment allez-vous? ↘

-Do you know him? ↗ -Tu le connais? ↗

　　　　　　　　　　-Est-ce que tu le connais? ↗

# 第2部
## 会話と文法

Ⅰ章　社交に関する表現

Ⅱ章　情報の授受に関する表現

Ⅲ章　語るための表現

Ⅳ章　相手との交渉に関する表現

Ⅴ章　態度・感情を表す表現

Ⅵ章　会話を進めるための表現

# I章　社交に関する表現

[CD 1]

## 1. 自己紹介する I

● 名前・国籍・職業
■ be と être の活用形

■ 初対面のジャックと洋子が互いに自己紹介をしています。

ジャック：こんにちは。**ジャック**です。
洋子　　：わたしは洋子です。**日本人**です。
ジャック：学生ですか？
洋子　　：ええ，そうです。あなたは？
ジャック：**カメラマン**です，よろしく。
洋子　　：こちらこそ。

Jack: Hi! **My name's Jack**.

Yoko: I'm Yoko. **I'm Japanese**.

J: You're a student?

Y: Yes, I am. And you?

J: **I'm a photographer**. Nice to meet you.

Y: Glad to meet you, too.

Jacques: Bonjour, **je m'appelle Jacques**.

Yoko: Moi, je m'appelle Yoko. **Je suis Japonaise**.

J: Vous êtes étudiante?

Y: Oui, je suis étudiante. Et vous?

J: **Je suis photographe**. Enchanté.

Y: Moi de même.

### 語彙

|   | 名 | 姓 | 国籍 | 職業 |
|---|---|---|---|---|
| 英 | first name | family name | nationality | occupation |
| 仏 | prénom *m.* | nom de famille *m.* | nationalité *f.* | profession *f.* |

## 「名前は…」

●自分の名前を言う時は，仏語は代名動詞を使うのがいちばん自然です。Je m'appelle…
◎英語は I am… あるいは My name is… が普通です。
●フランス語でも Mon nom est… という言い方はありますが，お役所的な固い感じがします。だから相手の名前をきく時も，英語の What is your name? にあたる Quel est votre nom? は普通は使わず，Comment vous appelez-vous? と言います。

## 「日本人です」

◎「日本人です」「学生です」は英語では I am (a) Japanese. I am a student.
●そこが英語と違いますね。フランス語では国籍や身分，職業を表す名詞が属詞の位置にくると冠詞は省略するんです。だから Je suis Japonais. Je suis étudiant.
◎その属詞って何ですか？
●英語では属詞とは言わないんですね。要するに être の後にきて，主語の性質や状態を表す語のことです。
◎英語でいう補語ですね。英語でも役職を表す語は補語のとき冠詞を省略します。例えば He is chairman.「彼は議長です」。
●職業を言う時，Je suis… の他に，Je travaille dans une banque.「銀行に勤めている」のような言い方もします。
◎それは英語も同じ。I work at a bank. 少し話は変わりますが，例えば chairman のような言葉を，性差別を無くそうということで chairperson という表現に変えようという主張が英語にはあるんですが，フランス語にもそんな変化はありませんか？
●フランス語は，人を表す名詞は étudiant/étudiante のように，原則として男性形と女性形があります。でも伝統的にもっぱら男性だけが占めていた職業名は男性形しかない。例えば professeur「先生」のような語です。ですが最近，女性の社会進出に伴って女性形の名詞も認めようという動きがあります。例えば「弁護士」は女性にも男性形の avocat を使っていたんですが，最近は女性形の avocate がよく使われるようです。

## 「よろしく」

●英語の「よろしく」Nice to meet you. はフランス語でいう Content(e) de vous connaître. ですね。Enchanté(e). はちょっとクラシックな言い方です((e)は女性形)。
◎英語の「はじめまして」という How do you do? というのも，形式的すぎて今では特に若い人はあまり言いません。

---

### 文法と表現

■ be と être の活用形

　動詞の活用というと，英語では原形，過去形，過去分詞のことだが，仏語では人称による活用を言う。英語では be 動詞のみ人称によって形が変わる。なお原形のことを仏語では不定形と言う。

| I | am | we | are | je | suis | nous | sommes |
|---|---|---|---|---|---|---|---|
| you | are | you | are | tu | es | vous | êtes |
| he/she/it | is | they | are | il/elle | est | ils/elles | sont |

## 2. 自己紹介する II

● 年齢・家族
■ be と avoir

■ ジャックと洋子の自己紹介の続き。年齢や家族のことを話題にしています。

洋子　　：ご兄弟はいらっしゃるんですか。
ジャック：ええ。弟が一人，姉が二人。あなたは？
洋子　　：兄が一人います。
ジャック：お兄さんはおいくつですか？
洋子　　：25歳です。私より5つ年上です。

Y: **Do you have any brothers or sisters?**
J: Yes, I have one brother and two sisters. How about you?
Y: I have an older brother.
J: **How old is he?**
Y: Twenty-five. He's five years older than me.

Y: **Avez-vous des frères et sœurs?**
J: Oui, j'ai un frère et deux sœurs. Et vous?
Y: Moi, j'ai un frère aîné.
J: **Quel âge a-t-il?**
Y: Il a vingt-cinq ans. Il a cinq ans de plus que moi.

### 語彙

| | 年齢 | 若い | 年とった | 家族 | 父　/母　　/息子　/娘 |
|---|---|---|---|---|---|
| 英 | age | young | old | family | father/mother/son /daughter |
| 仏 | âge *m.* | jeune | vieux | famille *f.* | père /mère /fils /fille |

### 「兄弟がいる」

◎「兄弟がいる」という時、英語も仏語も there is や il y a を用いないで、「持っている」の have や avoir を使うのは同じですね。
●ええ。それから仏語では兄弟姉妹の有無を言うとき、frères et sœurs「兄弟姉妹」を一つの表現とみなして、その前に不定冠詞の複数形 des をつけます。
◎英語には不定冠詞の複数形はありません。何もつけないか、「いくつかの」を表す形容詞 some（肯定文）か any（疑問文）をつけます。
●冠詞の用法は英仏で異なる場合があり、注意が必要ですね。後でまとめてみましょう（→まとめ p.68）。ところで「兄弟」の言い方なんですが、仏語の frère も英語の brother も兄、弟の両方をさすわけですね。区別するときは、仏語では「兄」を frère aîné、「弟」を cadet と言います。grand (petit) frère という言い方もあります。姉妹も同じです。
◎英語は older (younger) brother.

### 「おいくつですか？」

●さて年齢の言い方ですが、仏語は「持っている」の avoir を使い、英語では「である」の be 動詞を使うのが大きな違いです。
◎間違えやすいところですね。こういうケースがよくあるようなので、下でまとめてみましょう。
●「25歳です」というところを、英語では ... years old を省略してるんですが...
◎文脈からここでは年齢しか考えられないから、むしろ言わない方が自然です。
●仏語では ...ans は普通は省略しません。どうも仏語より英語の方がいろんなところで省略がおこなわれるようですね。

### 「わたしより...」

◎英語で「わたしより5歳年上」は 5 years senior to me とも言えます。
●比較の「わたしより」のところで than me か than I か迷うんですが。
◎どちらでもいいんですが、than I am とも言えるように後者は than が接続詞、前者は前置詞という違いがあります。than me の方が口語的です。
●仏語では比較を表す que の後は必ず強勢形の moi を使い、主語代名詞の je は使えません。比較についてはまたいずれ整理しましょう（→ p.82）。
◎ちょっと細かいことなんですが、仏語の Quel âge a-t-il? の t はなんですか？
●単に発音の問題で、倒置疑問文の場合、母音が続く（ここでは a/il）のを避けるために入れるんです。

---

### 文法と表現

**■ be と avoir**

| | | |
|---|---|---|
| -お腹がすいている（喉が渇いている） | I'm hungry(thirsty). | /J'ai faim(soif). |
| -暑い（寒い） | I'm warm(cold). | /J'ai chaud(froid). |
| -恐い（恥ずかしい） | I'm afraid(ashamed). | /J'ai peur(honte). |
| -間違っている（正しい） | You're wrong(right). | /Tu as tort(raison). |
| -何歳ですか？ | How old are you? | /Quel âge as-tu? |

## 3．自己紹介する III

● 住所・趣味
■ 好き・嫌いの表現

■ ジャックと洋子が，住んでいる所や趣味を話題にしています。

洋子　：どちらにお住まいですか？
ジャック：フォンテーヌブローの森の近くです。自然の中を歩くのが好きなんです。
洋子　：わたしも自然が大好きです。
ジャック：趣味が合いそうですね。

Y: **Where do you live**?
J: I live near the Fontainebleau forest. I like walking in the outdoors.
Y: **Me, too. I love nature.**
J: We have the same taste, don't we?

Y: **Vous habitez où**?
J: J'habite près de la forêt de Fontainebleau. J'aime bien marcher dans la nature.
Y: **Moi aussi, j'adore la nature.**
J: Nous avons les mêmes goûts, n'est-ce pas?

### 語彙

|   | 住所 | 住む | 趣味 | 好み | 興味 |
|---|------|------|------|------|------|
| 英 | address | to live | hobby/pastime | taste | interest |
| 仏 | adresse *f.* | habiter | passe-temps favori *m.* | goût *m.* | intérêt *m.* |

## 「どちらに…？」

◎仏語で疑問詞を後ろにもってきて Vous habitez où? という言い方，簡単だしわかりやすくていいですね。
●文末を上げるイントネーションで，日常会話ではごく普通の言い方です。英語はしないんですか？
◎英語でも You live where? と言えなくもありませんが，仏語ほどは使わないようです。Where do you live? が自然。それから住んでいる所を尋ねるとき Where is your place? という言い方もよくします。

## 「～が好き」

●英語で like の後に to+不定詞をもってくるか，原形+～ing のいわゆる動名詞を使うかよく迷うんですが。
◎前者は「～したい」という具体的行為を表します。例えば I'd like to read this book. は「この本が読みたい」。それに対して後者は習慣的に「～するのが好き」。だから I like walking at night. と言えば「夜散歩するのが好き」の意味です。
●フランス語には動名詞というのはありません。だから動詞の不定形を用いて J'aime bien marcher dans la nuit. aimer の後に直接，不定形をもってきます。
◎aimer の後が名詞のときはどうなるんですか？ その時の冠詞がどうもよくわからないんですが。

●「～というものが好き」という場合，いわゆる総称の定冠詞と呼ぶものを用います。その場合，可算名詞は複数定冠詞に，不可算名詞は単数定冠詞にするんです。例えば前者は J'aime les chiens.「犬が好き」，後者は J'aime le vin.「ワインが好き」のような文章です。確かに間違える人が多い。
◎英語は複数名詞にも物質名詞にも総称の定冠詞はつけないんです。だから I like dogs. I like wine.
●一般的に言って，英語より仏語の方がずっと冠詞をよく使うようです。

## 「趣味が合いますね」

●この場合の「趣味」は「好み，嗜好」だから「気晴し」という意味での「映画が趣味」というのとは違う。だから passe-temps favori とか英語からきた hobby は使えません。
◎英語も同じ。ここでは taste。フランス語の goût にあたる語ですね。
●n'est-ce pas? は「～ですね」と念を押す言い方。英語の付加疑問文に似ていますが，主動詞がどんな動詞でも n'est-ce pas? になる点が違う。
◎don't we? はいわゆる付加疑問文。相手の答を期待する時には上昇調，答を求めないときには下降調に発音するんです。後の課でまた触れると思います。(→ p.151)

---

### 文法と表現

■ 好き・嫌いの表現

-I like swimming / J'aime (bien) nager.
-I love (adore) classical music. / J'adore la musique classique.
-I prefer reading to traveling. / Je préfère lire que voyager.
-I don't like modern art much. / Je n'aime pas beaucoup l'art moderne.
-I dislike (hate) big cities. / Je déteste les grandes villes.

# 4. 挨拶する

● 出会い
■ 挨拶の表現

■ 親しくなったジャックと洋子が出会いの挨拶をしています。

洋子　　：こんにちは，ジャック。
ジャック：やあ，洋子。
洋子　　：元気？
ジャック：うん，元気だよ。ありがとう。
　　　　　君はどう？
洋子　　：元気よ。ありがとう。

Y: **Hello**, Jack.
J: Hi, Yoko.
Y: **How are you**?
J: Fine, thank you. And you?
Y: Just fine, thanks.

Y: **Bonjour**, Jacques.
J: Salut, Yoko.
Y: **Comment vas-tu**?
J: Je vais bien, merci. Et toi?
Y: Très bien, merci.

### 語彙

|   | 挨拶 | 挨拶する | 出会う | 出会い | ～にキスする |
|---|---|---|---|---|---|
| 英 | greeting | to greet | to meet | meeting | to kiss |
| 仏 | salutations *f.pl.* | saluer | rencontrer | rencontre *m.* | embrasser |

## 「こんにちわ」

●挨拶は相手との親しさの度合いによって表現を変える必要がありますね。ここではジャックと洋子が親しくなってからの挨拶です。Bonjour にファーストネームをつけて言ったり，もっとくだけて Salut！を使ったりします。

◎初対面の場合のようにあまり親しくないときはどう言ったらいいんですか？

●Bonjour の後に Monsieur や Madame，Mademoiselle をつけます。

◎英語ではフランス語の Bonjour. にあたる Good morning. とか Good afternoon. といった挨拶は堅苦しくて友達同志ではまず使いません。Hello！や，もっとくだけて Hi！が普通。これらは一日のうちのどんな時にも使えます。

●ひとつ感じるのは，フランス人とアメリカ人では距離のおきかたが違うということです。アメリカ人は会ったとたんにもう親しみの表現にする傾向があるのに対して，フランス人は幾分慎重に間合いをつめていくという気がします。もっともフランスでも若い人の間では，会ってすぐ vous ではなく tu で話すことが最近では多いようですが。国民性を考える上で面白い問題だと思います。

## tu と vous

◎その tu と vous の区別が英語にはない。どう使い分けたらいいんですか？

●vous は初対面の時や目上の人など，日本語だったら「です・ます」調で話す間柄で，tu は家族や子供，友人など親しい者同志で用います。どれくらいの親しさだったら tu でいいのかを判断するのはフランス人同志でも微妙な時があり，外国人である我々はその選択は彼らにまかせたほうが無難なようです。tu で最初に話しかけられた時は，ああ，この人から友達として認められたんだなと，ちょっと感動したことを覚えています。

## 「元気ですか？」

◎「元気ですか？」は英語では How are you？ be 動詞を使うんですが，仏語では aller「行く」という動詞なんですね。

●そうですね。Comment allez-vous？ あるいは Vous allez bien？ という言い方もあります。少しくだけて Ça va (bien)？ と言ってもいい。

◎英語で「元気です」は I'm fine. のほかに I feel fine. とか Good. Not bad. Great. なんて言い方もよくします。

### 文法と表現

■ 挨拶の表現

| | | |
|---|---|---|
| -おはよう | Good morning. | Bonjour. |
| -こんにちわ | Good afternoon. | Bonjour. |
| -やあ（こんにちわ） | Hello！/Hi！ | Salut！ |
| -こんばんわ | Good evening. | Bonsoir. |
| -おやすみなさい | Good night. | Bonne nuit. |
| -さようなら | Good bye. | Au revoir. |
| -また近いうちに | See you soon. | A bientôt. |

## 5. 紹介する

● 学生生活
■ 補語人称代名詞

■ ジャックが洋子に恋人のマリオンを紹介しています。

ジャック：洋子，友達のマリオンを紹介するよ。
　　　　　彼女はパリⅢ大学の学生なんだ。
洋子　　：はじめまして。
マリオン：よろしく。ジャックからよく話を聞い
　　　　　ています。
洋子　　：パリⅢで何を勉強しているんですか。
マリオン：社会学。特に環境問題に興味をもって
　　　　　います。

J: Yoko, **this is my friend Marion**. She's a student at the University of Paris III.

Y: Hi!

Marion: Hi! Jack often talks about you.

Y: What are you studying at Paris III?

M: Sociology. I'm especially interested in ecological problems.

J: Yoko, **je te présente mon amie Marion**. Elle est étudiante à l'Université de Paris III.

Y: Bonjour.

Marion: Bonjour. Jacques m'a souvent parlé de vous.

Y: Qu'est-ce que vous étudiez à Paris III?

M: La sociologie. Je m'intéresse surtout aux problèmes écologiques.

### 語彙

|   | 学生 | 学部 | 専攻 | 科目 | 〜を研究する |
|---|---|---|---|---|---|
| 英 | student | faculty | major | subject | to study |
| 仏 | étudiant(e) | faculté *f.* | discipline *f.* | matière *f.* | étudier |

## 「紹介する」

◎目の前にいる人を紹介する時は This is 〜. で始めるのが英語では一番自然です。紹介の対象となる人がその場にいないときは introduce を使います。Let me introduce him to you.「彼をあなたに紹介しましょう」。

●フランス語の introduire は「導き入れる」。形は似ているけど意味が違う。こういうのを faux amis（空似言葉）っていうんですね。間違えやすい。「紹介する」はフランス語では présenter を使います。「彼をあなたに紹介する」は Je vous le présente. この補語人称代名詞の用法はややこしいから下で説明しましょう。紹介のしかたで、親しい間柄であれば、英語の This is 〜. と同じように、C'est 〜. と言うこともできます。

## 「友達」

●「友達」を mon amie としてありますが、所有形容詞をつけた mon amie というのは特別の女友達、つまり「恋人」というニュアンスなんです。petite amie と同じ意味。ただの異性の友人だったら une amie とか une de mes amies と言うのが普通です。

◎そうなんですか。英語では普通の友達は a friend,「恋人」は boyfriend, girlfriend です。以前は「恋人」のことを steady とか sweetheart なんて言いましたが、今は古い。

## 「話を聞いている」

◎「ジャックから話を聞いています」のところで、仏語の Jacques m'a souvent parlé de vous. は、英語の Jack often talks about you. と似ているんですがよくみると違いますね。まず英語では現在形。過去形で Jack talked about you. とするとずっと前に話していたというニュアンスになってしまいます。それから「私に」の to me はここでは必要ない。誰に対してかは明らかだから。仏語では必要なんですか？

●ええ。絶対。「誰に何について話す」は parler à qn（誰）de qch（何）。ここの parler は前置詞の à あるいは de を従えて目的語をとる、間接他動詞と言われる動詞なんです。このとき à や de に続くいわゆる間接目的語を省略することはできない。

◎間接他動詞という言い方は英語にはないですね。英語にも直接目的語や間接目的語の両方をとる動詞はありますが。英仏の文型を整理する必要がありますね。（→ p.46）

---

### 文法と表現

■ 補語人称代名詞（英語では人称代名詞の目的格という）

「私はマリオンに本をあげる」の英仏の構文を比較してみよう。補語人称代名詞（目的格）は英語では動詞の後、仏語では動詞の前に置くことに注意。

- I give a book to Marion. / Je donne un livre à Marion.
- I give her a book. / Je lui donne un livre.
  （動詞＋間・目＋直・目の順）　（補語人称代名詞＋動詞の順）
- I give it to her. / Je le lui donne.
  （I give her it. は稀）　（間接目的補語が 3 人称の時は直・目＋間・目）

## 6. お礼を言う

● 感謝
■ お礼の表現

■ 洋子がジャックに車で送ってもらって、お礼を言っています。

洋子　　：送ってくれてありがとう。
ジャック：気にしないでいいよ。
洋子　　：それからマリオンを紹介してくれて感謝してるわ。彼女とても感じがいいし。
ジャック：マリオンも洋子と知り合えてとても喜んでいたよ。

Y: **Thanks for driving me home**.

J: That's nothing.

Y: And also, **thank you for introducing me to Marion**. She's very nice.

J: She was very glad to have met you as well.

Y: **Merci de m'avoir raccompagnée**.

J: De rien.

Y: Et puis, **je te remercie de m'avoir présenté Marion**. Elle est très sympathique.

J: Marion était très contente aussi d'avoir fait ta connaissance.

### 語彙

|   | 感謝 | 感謝の念 | 感謝のしるしとして |
|---|---|---|---|
| 英 | thanks | gratitude | as a token of my appreciation |
| 仏 | remerciements *m.pl.* | gratitude *f.* | en témoignage de ma reconnaissance |

## 「〜してくれてありがとう」

◎お礼を言う場合は，英語では Thank you for〜，もう少しくだけて Thanks for〜，その後は名詞か動名詞がきます。例えば Thank you for your help.「手伝ってくれてありがとう」。Thanks for inviting me.「招待してくれてありがとう」。

●仏語は Merci de〜．その後は名詞か不定詞です。Merci de votre aide. Merci de m'avoir invité. 不定詞を使う場合，「〜してくれて」と完了したでき事を表す場合は複合形にします。

◎英語は動名詞の単純形で「〜してくれて」の意味になります。動名詞の複合形の having driven という形もありますが，目の前で行われていることだから，ここでは単純形が自然ですね。

## 「送る」

◎ drive〜home は「車で〜を家に送る」の意味です。ここではジャックが車で洋子の家まで送ったと考えたわけです。

●仏語の raccompagner はもっと一般的に「〜を送って行く」。「車で〜を家に送っていく」だったら raccompagner〜chez lui en voiture などと少し長ったらしくなりますね。

## 「気にしないで」

●「気にしないで」あるいは「どういたしまして」という，お礼を言われたときの返事には De rien. のほかにもいろいろな言い回しがあります。Je vous en prie. とか Ce n'est rien. とか，もっとくだけて Pas de quoi. とか。

◎英語では You are welcome. くだけて Not at all. あるいは That's all right. Pleasure. などとも言えます。

## 「知り合う」

◎「知り合う」は仏語の faire la connaissance de〜 と同じように make acquaintance of という表現がありますが，堅苦しくて余り使わないと思いますね。be friends with〜 とか，単に meet〜 の方が自然です。

●「感じがいい」という表現ですが，こういうとき仏語では sympathique をよく使います。名詞の sympathie は英語の sympathy とほぼ同じ意味ですね。「同情」とか「共感」とか。でも仏語の形容詞の sympathique は人について「感じがいい，好感がもてる」の意味があります。でも英語の sympathetic にはこういう意味はないんでしょう？

◎そういえばありませんね。nice とか likable を使う。じゃあこれも faux amis というわけですね。(→ p.134)

---

### 文法と表現

■ お礼の表現

- I don't know how to thank you.
- That's very kind of you.
- Thank you very much.
- Thanks a lot.
- Thanks.

- Je ne sais comment vous remercier.
- C'est très gentil de votre part.
- Je vous remercie beaucoup.
- Merci beaucoup (bien).
- Merci.

# 7. 招く

● パーティ
■ 招待を受ける・断る表現

■ 洋子がジャックをパーティに招待しています。

洋子　　：ジャック，明日の夕方は暇かしら？

ジャック：暇だけど。どうして？

洋子　　：私のところでパーティをするつもりなんだけど，あなたとマリオンを招待したいと思って。

ジャック：ありがとう。マリオンも喜ぶと思うよ。

Y: Jack, are you free tomorrow evening?

J: Yeah, why?

Y: Because I'm gonna have a party at my place and **I'd like to invite you and Marion**.

J: Thanks. Marion will be glad too.

Y: Jacques, tu es libre demain soir?

J: Oui, pourquoi?

Y: Parce que je compte donner une soirée chez moi et **je voudrais vous inviter**, **toi et Marion**.

J: Merci. Marion sera contente aussi.

### 語彙

|   | 招待 | 招待状 | 招待客 | 受ける | 〜を断る |
|---|---|---|---|---|---|
| 英 | invitation | invitation card | guest | to accept | to refuse |
| 仏 | invitation f. | carte d'invitation f. | invité n. | accepter | refuser |

## 「暇ですか？」

● 「暇です」は仏語で Je suis libre. libre は「自由な」という意味だけでなく、「暇な」の意味もあるんです。
◎ 英語も free が同じ意味で使えます。I'm free. あるいは time を使っても言えます。I don't have time. と言えば「暇がない、忙しい」。I'm busy. I'm occupied. と同じ意味ですね。
● 仏語も temps を使って言えます。J'ai du temps libre.「暇がある」。「忙しい」は Je n'ai pas de temps. あるいは Je suis occupé. 英語の occupied ですね。
◎ ついでに「暇をつぶす」というのも英語と仏語は同じ言い方をするはずです。英語は kill time.
● なるほど。仏語も tuer le temps。両方とも「時間を殺す」ですね。

## 「〜するつもり」

◎ 「〜するつもり」の I'm gonna は I am going to の会話的表現でよく使われます。
● 仏語の近接未来（aller＋不定詞）に似た表現ですね。compter は「数える」という意味だけでなく、ここでのように compter ＋不定詞で「〜するつもり」の意味にもなるんです。
◎ 「〜のところで」という言い方なんですが、仏語は前置詞の chez を使うんですね。
● ええ。その後は必ず人を表す語がきます。「私（あなた, 彼）のところで」は chez moi (vous, lui)。chez の後は人称代名詞の強勢形を用います。「ジャックのところで」だったら chez Jacques。
◎ chez というのは便利な言い方ですね。英語は at my (your, his) place。chez Jacques は at Jack's。後ろで house とか place を省略しています。

## 「パーティをする」

● 「パーティをする」は donner を使って donner une soirée。
◎ soirée というのは evening party のことなんでしょう？ 英語の party は夕べに限らずいつでも使えます。「〜を招待したい」は I'd (would) like to invite〜。I want to invite〜 では押しつけがましい。
● それはフランス語でも同じで Je veux inviter〜 とすると「（あなたがいやだと言っても）招待したい」という強制的なニュアンスになってしまいます。Je voudrais〜 と条件法を使うべきです。
◎ それから「マリオンとあなたを招待したい」という文章で、仏語では「あなた方」をまず代名詞の vous で表し、それをもう一度 toi et Marion と言い直していますね。英語はそんなふうに繰り返すことはしません。

---

### 文法と表現

■ 招待を受ける　-With pleasure.　　　-Avec plaisir.
　　　　　　　　-Yes, I'd love to.　　-Oui, je veux bien.
　　　　　　　　-Why not?　　　　　 -Pourquoi pas?
■ 断る　-I'm sorry, I can't.　　　　　-Je regrette, mais je ne peux pas.
　　　　-Sorry, but it's not possible.　-Désolé, mais ce n'est pas possible.
　　　　-No, I don't really want to.　-Non, je n'ai pas envie.

## 8. 詫びる

● お詫び
■ 謝罪とその返事の表現

■ 洋子のパーティにマリオンが行けなくなり謝っています。

マリオン：ジャックから聞いたんだけど，お宅に招いてくれるのね。ご親切にありがとう。でも悪いんだけど...

洋子　　：どうかしたの？

マリオン：週末にするレポートがたくさんあって行けないわ。**本当に残念だけど。**

洋子　　：いいの，気にしないで。またこの次にね。

M: Jack says you invited me to your place. That's really nice of you, but I'm sorry to say...
Y: What's the matter?
M: I can't come. I've a lot of papers to do this weekend. **I'm very sorry about it**.
Y: That's OK. Some other day!

M: Jacques me dit que tu m'invites chez toi. C'est très gentil, mais je regrette de te dire...
Y: Qu'est-ce qu'il y a?
M: Je ne peux pas venir. J'ai beaucoup de dossiers à préparer ce week-end. **Je suis vraiment désolée**.
Y: Ça ne fait rien. Ce sera pour un autre jour!

### 語彙

|   | 詫びる | 詫び | 詫び状 | 〜を許す |
|---|---|---|---|---|
| 英 | to apologize | apology | letter of apology | to pardon, forgive |
| 仏 | s'excuser | excuses *f.pl.* | lettre d'excuses *f.* | pardonner |

## 「～から聞いた」

● 「～から聞いた」は「～が～と言っている」と表現しているんですが,仏語は dire que～ で,名詞節を導くこの que は絶対省略できません。
◎ 英語の場合,that は口語ではむしろ省略するのが普通ですね。
● 「言っている」を英語で say の代わりに tell ではいけないんですか。
◎ that 節を伴う場合,tell は二重目的語をとる動詞として使うので,間接目的語が必要です。だから He says that～ とは言えても He tells that～ とは言えません。He tells me that～ だったらいいです。
● 仏語の dire は Il dit que～ でも Il me dit que～ もどちらも言える。dire は say と tell 両方の意味があるんですね。

## 「悪いんだけど...」

◎ 「悪いと思う,残念に思う」は I'm sorry, I regret,前者の方が軽い言い方です。
● 「してしまったこと」を謝るのか「これからすること」を謝るのかで構文が違うんですが,よく間違えるんです。過去の出来事を謝罪するなら Je regrette d'avoir fait というように,de 以下を不定詞の複合形にし,これからすることを謝るのなら Je regrette de faire... と単純形にするんです。ここではこれから告げることを謝るんだから後者です。
◎ 英語でもその区別は大切です。I regret to do... のように不定詞をもってくるとこれからすることに,I regret doing のように動名詞にすると,「してしまって」と過去のことを言う。I'm sorry の場合は動名詞が使えないので,I'm sorry to do で未来のこと,I'm sorry to have done で過去のことの謝罪になるんです。

## 「レポート」

◎ 「どうかしたの?」は英語では What's the matter?
● Qu'est-ce qu'il y a? ですね。Qu'est-ce qui est arrivé? とも言う。
◎ 英語なら What happened? それから「レポート」という語なんですが,学生が宿題として提出する「レポート」は report とは言わず,paper あるいは term paper と言います。
● 仏語も同じ。英語の report にあたる rapport は「報告書」で,ものものしい感じがします。学生の出す「レポート」は dossier とか,あるいは travail でいい。

---

### 文法と表現

■ 謝罪の表現
-Please excuse me.
-Excuse me.
-Pardon me. (Forgive me)
-I'm sorry.

-Je vous prie de m'excuser.
-Excusez-moi.
-Pardonnez-moi.
-Je suis désolé.

■ 謝罪されたときの返事
-It's not serious.
-Don't worry about it.
-No problem.

-Ce n'est pas grave.
-Ne vous en faites pas.
-Pas de problème.

## 9. 祝う

● 誕生日
■ 所有形容詞

■ ジャックが洋子の誕生日のお祝いを述べています。

ジャック：誕生日おめでとう，洋子。
洋子　　：ありがとう，ジャック。
ジャック：今日は僕の両親の結婚記念日で
　　　　　もあるんだ。
洋子　　：じゃあ，お二人におめでとうと
　　　　　伝えてね。

J: **Happy birthday**, Yoko.
Y: Thank you, Jack.
J: Today is also my parent's wedding anniversary.
Y: Then, say congratulations to them.

J: **Bon anniversaire**, Yoko.
Y: Merci, Jacques.
J: Aujourd'hui, c'est aussi l'anniversaire de mariage de mes parents.
Y: Alors, transmets-leur toutes mes félicitations.

### 語彙

|   | 誕生日 | 誕生日のプレゼント | 記念日 | 祝日 |
|---|---|---|---|---|
| 英 | birthday | birthday present | anniversary | holiday |
| 仏 | anniversaire *m.* | cadeau d'anniversaire *m.* | anniversaire | jour de fête *m.* |

## 「祝う」

●仏語で「祝う」という語彙はいくつかありますが，ニュアンスが少しずつ異なります。まず fêter は誕生日や成功を，パーティなどで「祝う」こと。célébrer はもっぱら公式行事を祝う場合に用いられ，féliciter は「祝福の言葉」を相手に言ってあげることです。
◎英語では celebrate が fêter と célébrer の意味ですね。誕生日も公式行事も celebrate します。féliciter にあたるのは congratulate。I congratulate you on your success.「成功おめでとう」。
●Je vous félicite pour votre succès. フランス語にも congratuler があるんですが大げさな感じがして余り使いません。それから「～おめでとう」という祝いの言葉ですが，bon や joyeux を使った表現がいろいろあります。Bonne année!「新年おめでとう」，Bon anniversaire!「誕生日おめでとう」，Joyeux Noël!「メリークリスマス」…
◎英語だと Happy New Year, Happy birthday, Merry Christmas…
●それからフランス語の anniversaire は「誕生日」の他にいろいろな「記念日」の意味でも使われるんです。例えば l'anniversaire de la Révolution「革命記念日」。
◎英語は「誕生日」は birthday，「記念日」は anniversary と区別します。

## 所有格 -'s と of

●英語では「～の」という所有を表す時，-'s という言い方があるんですね。仏語にはない。この -'s という言い方と，仏語の de にあたる of はどう使い分けるんですか。
◎一応，人・動物・擬人化されたものには -'s，無生物には of を使うことになっています。例えば Jack's car「ジャックの車」に対して legs of a desk「机の脚」。でも無生物でも時間 (today's paper 今日の新聞) や重量 (a pound's flesh 1ポンドの肉) あるいは国や都市 (Japan's economy) には -'s を使います。一般的には -'s の用法が優勢になりつつあるようです。
●それから「結婚記念日」が英語では wedding anniversary となっていますね。フランス語はそう簡単にはできない。l'anniversaire de mariage というふうに，あくまで分析的に表現します。
◎確かにそうですね。英語は前の名詞を修飾語にして名詞を二つ並べる事ができる。love story, record shop, bus stop…
●フランス語だといちいち histoire d'amour, magasin de disque, arrêt d'autobus としなければならない。

---

### 文法と表現

■ 所有形容詞（英語では人称代名詞の所有格という）

| | | | |
|---|---|---|---|
| mon | ma | mes | (my) |
| ton | ta | tes | (your) |
| son | sa | ses | (his, her, its) |
| notre | notre | nos | (our) |
| votre | votre | vos | (your) |
| leur | leur | leurs | (their) |

・英語と異なり仏語の所有形容詞は後に来る名詞の性・数によって形が変わる。例えば

mon frère　私の兄
ma sœur　私の姉
mes frères　私の兄弟

## 10. 願う

● 旅行
■ 祈願の表現

■ ジャックが洋子に夏休みの予定を尋ねています。

ジャック：パリ，気に入ってるといいけど。
洋子　　：もちろんよ。とっても好き。
ジャック：じゃあ，夏休みもずっとパリにいるつもりかい？
洋子　　：ううん，夏休みにはロワール川のお城を見に行こうと思っているの。
ジャック：楽しい旅行になるといいね。

J: I hope you are enjoying Paris.
Y: Of course, I am.
J: So, are you planning to stay in Paris for the whole summer vacation?
Y: No, I'm thinking of visiting the castles of the Loire.
J: **I wish you a good trip.**

J: J'espère que tu te plais à Paris.
Y: Bien sûr ! Je m'y plais beaucoup.
J: Alors, tu comptes rester à Paris pendant toutes les vacances d'été ?
Y: Non, je pense visiter les châteaux de la Loire.
J: Alors, **je te souhaite un bon voyage**.

### 語彙

| | 旅行 | 旅行する | 海外旅行 | 団体旅行 |
|---|---|---|---|---|
| 英 | travel | to travel | traveling abroad | group tour |
| 仏 | voyage *m.* | voyager | voyage à l'étranger | voyage organisé |

## 「願う」

● 仏語で「願う」は espérer。用法でちょっと注意が必要です。espérer は不定詞を従えて、J'espère aller vivre en France.「フランスに住みに行きたい」のように言えますが、この場合、不定詞の主語は espérer の主語と同じ。二つの主語が異なる時は従属節を用います。J'espère que tu viendras au Japon.「君が日本に来る事を望む」
◎ なるほど。英語の hope も似た用法です。前者は hope to〜 を使って、I hope to go live in France. 後者は hope that〜 を使って I hope (that) you'll come to Japan.

## 「〜しようと思っている」

●「〜しようと思っている」は仏語では Je pense〜。avoir l'intention de〜 や compter が同義語です。
◎ 英語では I'm planning to〜 や I intend to〜 がありますが、仏語の Je pense にあたる I'm thinking of〜 も使えます。
● think は進行形にできないと思っていたんですが。
◎ 確かに She thinks herself pretty.「彼女は自分のことをかわいいと思っている」のような場合は進行形は使いません。think や imagine といった認知を表す動詞, feel や smell のような感覚を表す動詞は, 普通は状態を表しますから進行形にはしないんです。でもここの場合のように, 例えば think が「〜をしようと思う」という意志を表す行為の意味のときは, 状態とは言えませんから進行形にできるんです。

## 祈願

●「願う」のもう少し形式的な言い方で, 何かを「祈願」するとき, 仏語では souhaiter を用います。Je vous souhaite une bonne année.「よいお年を」とか。くだけて単に Bonne année! とも言いますが。
◎ そうした少し形式的な「祈願」は英語では wish ですね。I wish you a good luck.「幸運を祈ります」とか。そして仏語のように省略して Good luck! とももちろん言えます。下でそうした表現をまとめてみましょう。

● 大西洋にそそぐロワール川は, フランスを北と南に二分する大河ですが, その河岸に位置するアンジェからオルレアンにかけての区域にはシャンボールやシュノンソーといった美しい古城が立ち並び, フランス屈指の観光名所となっています。一度はぜひ訪れたい地方です。

## 文法と表現

■ 祈願の表現

| | | |
|---|---|---|
| よい一日を！ | Have a nice day! | Bonne journée! |
| よい週末を！ | Have a good weekend! | Bon week-end! |
| よい休暇を！ | Have a good holiday! | Bonnes vacances! |
| めしあがれ！ | Enjoy your meal! | Bon appétit! |
| 乾杯！ | Cheers! (To your health!) | A votre santé! |
| ようこそ〜へ | Welcome to... | Bienvenue à... |

---
**まとめ 1**

## ■ 基本文型

・動詞の性質によって英語もフランス語も五つの文型に分けられます。

### 1. 主語＋自動詞
-Birds fly.（鳥は飛ぶ）　　　　　　　-Les oiseaux volent.
　cf. 動詞は補語（属詞）も目的語もとらない。動詞の後に in the sky (dans le ciel) のような副詞句（フランス語では状況補語という）をおくことができる。

### 2. 主語＋自動詞＋主格補語（属詞）
-Paul is my brother.（ポールは私の兄です）-Paul est mon frère.
　cf. 動詞は主格補語（フランス語は属詞という）をとる。補語（属詞）とは主語や目的語の性質や状態を表す語。この種の動詞には，be 動詞（être）の他に，become(devenir〜になる), seem(sembler〜に思える), appear(paraître〜に見える）などがある。なおフランス語では職業や国籍を表す語が属詞として用いられると冠詞は省略される。Il est professeur.（彼は先生です）。

### 3. 主語＋他動詞＋目的語（目的補語）
-I study English.（私は英語を学んでいる）　　　-J'apprends l'anglais.
　cf. 動詞は目的語（フランス語では目的補語という）をとる。英語では ask for（求める）や bring up（育てる）のように前置詞や副詞をともなって目的語をとるものがあり，これらを群動詞（動詞句）と呼ぶ。フランス語では ressmbler à（〜に似ている）や douter de（〜を疑う）のように前置詞の à や de を伴って目的補語をとるものがあり，これらを間接他動詞と呼ぶ場合がある。

### 4. 主語＋他動詞＋間接目的語（間接補語）＋直接目的語（直接補語）
-I give Paul my book.（ポールに本をあげる）　　-Je donne mon livre à Paul.
　cf. 動詞は直接目的語（フランス語では直接目的補語または直接補語と言う）と間接目的語の二つをとる。語順が英語とフランス語では異なり，注意が必要。
　　　-(○) I give Paul my book.　-(×) Je donne Paul mon livre.
　　　-(○) I give him my book.　-(○) Je lui donne mon livre.
　　　-(○) I give my book to him.　-(×) Je donne mon livre à lui.
　　　-(稀) I give him it.　-(○) Je le lui donne.
　　　-(○) I give it to him.　-(×) Je le donne à lui.

### 5. 主語＋他動詞＋目的語（直接補語）＋目的格補語（属詞）
-We call the dog Kiki.（その犬をキキと呼んでいる）-On appelle ce chien Kiki.
　cf. 動詞は目的語とそれにかかる目的格補語（属詞）をとる。目的語が代名詞の場合の語順に注意。I find her pretty. / Je la trouve jolie.「彼女はきれいだと思う」。

name (nommer〜と名づける), keep (laisser〜にしておく), make (faire〜にする), elect (élire〜に選ぶ) などがこのタイプの動詞である。

## ■ 語順について
・英語と仏語では語順が異なる場合がある。

### 1．形容詞
・英語は原則として形容詞＋名詞だが，仏語は原則として名詞＋形容詞。
-blue eyes　　／　les yeux bleus（青い目）

### 2．副詞
・単純形の動詞の場合，英語はしばしば一般動詞の前に置かれるが(be 動詞では後)，仏語は常に動詞の後。
-I often go there.　　-J'y vais souvent.（わたしはよくそこに行く）

### 3．人称代名詞の目的格
・英語は人称代名詞の目的格（仏語は補語人称代名詞という）は動詞の後だが，仏語は動詞の前に置く。
-I give him my record. ／ Je lui donne mon disque.（レコードを彼にあげる）
-I give it to him. 　　／　Je le lui donne.（それを彼にあげる）

### 4．所有の表し方
・英語は所有を表すとき「人 's＋名詞」が可能だが，仏語は「名詞＋de＋人」になる。
-my brother's car　　／　la voiture de mon frère（兄の車）

### 5．名詞句
・名詞句の語順で英語は「名詞1＋名詞2」が可能だが，仏語は「名詞2＋de＋名詞1」が原則。
-love story　　／　histoire d'amour（恋愛物語）

### 6．感嘆文
・感嘆文で英語は how＋形容詞・副詞＋主＋動，仏語は que＋主＋動＋形容詞・副詞。
-How tall you are!　　／　Que tu es grand!（君はなんと背が高いんだろう）

### 7．前置詞と疑問詞
・英語は疑問詞と前置詞を分離できるが，仏語は分離しない。
-Where do you come from?　／　D'où venez-vous?（出身はどちらですか？）

## II章　情報の授受に関する表現

[CD 11]

### 11. 場所を尋ねる

● 出身地
■ 場所に関する表現

■ マリオンが洋子の出身地を尋ねています。

マリオン：私はパリっ子なの。あなたはどこの出身，洋子？
洋子　　：千葉県の浦安というところで生まれ育ったの。
マリオン：それはどこなの？　東京の近く？
洋子　　：ええ，車で1時間くらい。浦安は東京ディズニーランドで有名なの。

M: I'm Parisian. **Where do you come from**, Yoko?
Y: I was born and brought up in Urayasu, Chiba Prefecture.
M: **Where is that**? Is it near Tokyo?
Y: Yes, it's about an hour drive from Tokyo. Urayasu is known for Tokyo Disneyland.

M: Moi, je suis Parisienne. Et toi, **tu viens d'où**, Yoko?
Y: Je suis née et j'ai grandi à Urayasu dans le département de Chiba.
M: **C'est où**, **Urayasu**? C'est près de Tokyo?
Y: Oui, ça se trouve à environ une heure de voiture de Tokyo. Urayasu est connu pour son Tokyo Disneyland.

#### 語彙

| | 生まれ故郷 | 国 | 県 | 町 | 村 |
|---|---|---|---|---|---|
| 英 | birth place | country | prefecture | city | village |
| 仏 | pays natal | pays *m.* | département *m.* | ville *f.* | village *m.* |

## 「パリッ子」

●フランス語で「パリッ子」は Parisien。「パリの女性」だったら Parisienne。英語は男性、女性で変わらないんでしょう？
◎ええ。男女とも Parisian。「〜の住人」という言い方は、英語ではよく Londoner とか New Yoker のように -er をつけますが、どの都市にも可能なわけではなく、慣用に基づくようです。
●フランス語は Marseillais(e)「マルセイユの人」、Bordelais(e)「ボルドーの人」のように、-ais の語尾をもつ名詞が多いんですが例外もあり覚えにくい。de＋町（国）にすれば問題ありません。Je viens de Paris。
◎英語では「〜出身です」は be 動詞でもいいんです。I'm from Paris.
●それはフランス語も同じ。Je viens de Paris. あるいは Je suis de Paris.

## 「千葉県の浦安」

●「千葉県の浦安」というのを、英語では簡単に言うんですね。in Urayasu, Chiba Prefecture ですか？手紙の宛名の書き方みたいですね。
◎それで十分わかりますから。フランス語では「県」は département なんですね？
●そう。préfecture は「県庁（所在地）」のことなんです。

## 「車で1時間」

◎英語で「車で1時間」It's an hour drive. の it は、特定の名詞を受ける代名詞ではなくて、距離や時間を示す非人称の it です。「車で1時間」an hour drive は簡潔な言い方でしょう。乗り物の手段を表す場合は、普通 by を使って an hour by train (bus, taxi, sea)。「汽車（バス、タクシー、船）で1時間」、「歩いて」は on foot と言います。
●仏語は une heure de train (bus, taxi, bateau, marche) という言い方をします。余談ですが仏語で「車」は voiture。car は「長距離バス、観光バス」のことです。
◎へえ、知らなかった。ところで Ça se trouve à... という言い方がよくわからないんですが。
●se trouver は代名動詞で être と同じような意味です。「〜に位置する」。ところでパリ郊外にもディズニーランドがあることはご存知ですか。Euro Disneyland と言い、アメリカ、日本に続いて世界で三つ目です。

---

### 文法と表現

■ 場所に関する表現

- Where is the police station?
- How long will it take on foot/by car/by bus?
- It's ten minutes on foot.
- It's about two kilometers.
- You should allow an hour.
　（一時間は見ておく必要がある）

- Où se trouve le commissariat?
- Combien de temps faut-il pour y aller à pied/ en voiture/en bus?
- C'est à dix minutes à pied.
- C'est à environ deux kilomètres (d'ici).
- Il faut compter une heure.

## 12. 曜日と時間を尋ねる

● 曜日・時間
■ 中性代名詞 y

■ マリオンが洋子をディズニーランドに誘っています。

マリオン：今度の金曜日，ジャックと私，ディズニーランドへ行くつもりなの。洋子，一緒に来る？
洋子　　：ええ。行きたいわ。で，何時？
マリオン：10時に車で迎えに来るわ。
洋子　　：オーケー，一緒に行くのを楽しみにしてるわ。

M: Jack and I are planning to go to Disneyland **this Friday**. Are you coming with us?
Y: Yeah, **what time**?
M: I'll pick you up at ten.
Y: O.K. I'm looking forward to going with you.

M: Jacques et moi avons l'intention d'aller à Disneyland **vendredi**. Tu viens avec nous?
Y: Oui, **à quelle heure**?
M: Je viendrai te chercher à dix heures en voiture.
Y: D'accord. Je me réjouis d'y aller avec vous.

### 語彙

|   | 平日 | 週末 | 時間 | 時/分/秒 |
|---|---|---|---|---|
| 英 | weekday | weekend | time | hour/minute/second |
| 仏 | jour de semaine *m.* | fin de semaine *f.* | temps *m.* | heure/minute/seconde |

## 「行くつもり」

●「～するつもり」という言い方，avoir l'intention de は仏語でよく使われる言い回しです。
◎英語にも「意志，意図」の意味で intention がありますが，「～するつもり」の意味ではむしろ動詞の intend の方をよく使います。あるいはそれより軽い be planning to～。
●英語には plan「～を計画する」という動詞があるわけですね。仏語には plan「計画」という名詞はあっても動詞はありません。

## 曜日

●仏語では曜日を聞くときは Nous sommes quel jour？「金曜日です」は Nous sommes vendredi．ついでですが日付を聞くときは Nous sommes le combien？
◎英語では曜日が What day is it？日付は What date is it？ あるいは What's the date？になります。(付録 → p.166)
●「何曜日？」の「何？」を表す疑問形容詞はフランス語では quel。ただし性数によって変化するから形は四つあります。quel, quelle, quels, quelles。だから例えば「何時ですか？」は Quelle heure est-il？
◎英語の疑問形容詞 what にはもちろんそうした変化はありません。「何時？」は What time is it？
●ところで英語では曜日は大文字で始めるんですよね。フランス語は小文字ですが。
◎ええ。月の名前だってそうです。

## 「迎えに来る」

◎「迎えに（来る）」を仏語では chercher を使っていますが，chercher は「探す」っていう意味じゃなかったですか？
●そうですが, aller (venir) chercher～ で「人を迎えに行く（来る）」の意味になるんです。英語の pick up は，日本語で「ピックアップする，抽出する」という時の pick up なんでしょう？
◎そう。人について言うんだったら「車で迎えに行く」という意味です。

## 「楽しみにする」

◎ look forward to は「楽しみにして待つ」にぴったりの熟語です。to の後には名詞か動名詞がくることに気をつけてください。
●「楽しみにする」はフランス語では je me réjouis de～ とか，j'espère avoir le plaisir de～。あまりぴったりした言い方ではありませんが。
◎ aller の前の y がよくわからないんです。
●中性代名詞の y ですね。英語にはない。下でまとめてみましょう。

### 文法と表現

■ 中性代名詞 y
1) 場所を表す前置詞（à, en, dans, chez など）＋名詞に代わる。
   Vous allez à Paris？　　　　　-Oui, j'y vais cet été.
   (Are you going to Paris？)　　-Yes, I'm going there this summer.)
2) à＋名詞（もの）・不定詞・節などに代わる。
   Vous pensez à votre mariage？　　　　　-Oui, j'y pense souvent.
   (Do you think about your marriage？)　-Yes, I think about it often.)

## 13. 方法を尋ねる

● パソコン
■ how と comment

■ 洋子がマリオンにパソコンを見せています。

マリオン：それ何なの，洋子？
洋子　　：私のパソコンよ。
マリオン：へぇ，そうなの。それ何に使うの？
洋子　　：レポートを書くときに使っているの。
マリオン：どうしたら動くの？
洋子　　：簡単よ。まずこのボタンを押してみて。

M: What's that, Yoko?
Y: It's my computer.
M: Oh, really? What do you use it for?
Y: I use it to type my papers.
M: **How does it work?**
Y: It's easy. Press this button first.

M: Qu'est-ce que c'est, ça, Yoko?
Y: C'est mon ordinateur.
M: Ah bon! Tu t'en sers pour quoi?
Y: Je m'en sers pour taper mes dossiers.
M: **Comment ça marche?**
Y: C'est facile. Appuie sur ce bouton d'abord.

### 語彙

| | キーを打つ | 使用法 | 故障する |
|---|---|---|---|
| 英 | to type | directions | to break down |
| 仏 | taper à la machine | mode d'emploi *m.* | tomber en panne |

## 「それ何なの？」

● 英語で「それ何なの？」は What is it? じゃいけないんですか？
◎ What is it? だとここでは What's the matter?「どうしたの？」と混同されるおそれがあります。What is that? とすればはっきりします。
● なるほど。英語の it や that はけっこう微妙なんですね。
◎ ところでパソコンのことは仏語では ordinateur って言うんですか？英語と全然違うんですね。
● 英語をそのまま取り入れてしまう日本語と違って、仏語は英語を使うことに強い抵抗があるようです。「ワープロ」は traitement de texte だし、「ビデオ」は magnétoscope と言うし。

## 「使う」

●「使う」には, se servir de という代名動詞, あるいは utiliser がここでは使えます。英語の use に近い user de は改まった言い方で、「権利を行使する」というような抽象的なことにしか使わないようです。
◎ 逆に英語では utilize の方が, use より形式ばった言い方ですね。
● それから英語では「何のために？」と言う時、What do you use it for? というふうに前置詞と疑問代名詞を離してしまうんですね？ 前にも Where do you come from? なんて出てきた。フランス語はこういう言い方はできません。
◎ Tu t'en sers pour quoi? とか D'où venez-vous? と言うんですね。面白い。

## 「どうしたら動くの？」

◎「動く」というのを英語では「働く」work を使うんですが, フランス語では「歩く」marcher を使うんですね。
● ええ。marcher はその他に人の調子を尋ねて Comment ça marche? なんていうふうにも使います。
◎ それは英語では言えない。How are you getting along? とか。
●「どうやって」という手段や方法を尋ねる疑問詞は comment。例えば Comment dit-on cela en français?「それをフランス語でどう言うんですか？」
◎ 英語だったら How を使って, How do you say it in French?
● ただ次の言い方は注意が必要。Je ne sais comment dire.「どう言っていいかわからない」。英語だと...
◎ I don't know how to say. how の後は不定詞だから to say になります。how と comment は用法が一致する時としない時がある。下で説明しましょう。

---

### 文法と表現

■ **how** と **comment**

- How are you? —Comment allez-vous?
- How do you like this dress? —Comment trouvez-vous cette robe?

次の表現に注意

- What's your name? —Comment vous appelez-vous?
- How pretty she is! —Comme elle est jolie!
- How many books do you have? —Combien de livres as-tu?

## 14. 理由を尋ねる

● 食事
■ 理由を述べる表現

■ マリオンとジャックが食事をしていますが，ジャックは食欲がありません。

マリオン：なぜ食べるのをやめたの，
　　　　　ジャック？
ジャック：今日は食欲がないからさ。
マリオン：お医者に行ったらどう？
ジャック：そんな必要ないさ。

M: **Why did you stop eating**, Jack?
J: Because I've no appetite today.
M: Why don't you go and see the doctor?
J: Oh, it's not worth the trouble.

M: **Pourquoi t'arrêtes-tu de manger**, Jacques?
J: Parce que je n'ai pas d'appétit aujourd'hui.
M: Pourquoi ne vas-tu pas chez le médecin?
J: Oh, ce n'est pas la peine.

### 語彙

|   | 食事をとる | 朝食 | /昼食 | /夕食 | 食欲 |
|---|---|---|---|---|---|
| 英 | to have a meal | breakfast | /lunch | /dinner | appetite |
| 仏 | prendre un repas | petit déjeuner *m.* | /déjeuner *m.* | /dîner *m.* | appétit *m.* |

## 「なぜ～?」

◎「なぜ～?」という,理由を尋ねる疑問副詞は,英語の why と仏語の pourquoi が対応するわけですね。
●答える時は英語は because～,仏語は parce que～。
◎英語で「どうして～なのか?」という,驚きのニュアンスをもった理由の尋ね方があります。how come を使って,例えば,How come you didn't sleep last night?「どうしてゆうべは眠らなかったの?」how come の後は必ず平叙文の語順です。
●フランス語だと Comment se fait-il que tu n'aies pas dormi cette nuit?という言い方に近いですね。

## 「食欲がない」

◎ no appetite の no は複数名詞や不可算名詞につけて「少しの～もない」という意味の形容詞です。not any といっても同じ。He has no friends( He does not have any friends).「彼には友達が全然いない」。
●仏語だと aucun(e) という形容詞があります。ne とともに用いて,例えば Il n'a aucun talent.「彼には才能がまるでない」。

◎なるほど。He has no talent. ですね。
●ついでに「ほとんど～ない」という表現は peu de～。J'ai peu d'argent.「金をほとんど持っていない」
◎英語は little あるいは not much。He has little money.

## 「医者に行く」

●「～しに行く」はフランス語では aller＋不定詞。Va chercher un taxi.「タクシーを呼びに行ってくれ」。
◎英語は口語では go to＋不定詞よりも go and＋不定詞,あるいは and も取ってしまって go see the doctor「医者に会いに行く」という言い方をよくします。

## 「必要ない」

◎「必要ないさ」It's not worth the trouble. worth は「～の価値がある」という意味の前置詞で,ここでは「(そんな苦労 trouble) をする価値はない」つまり「その必要はない」という意味です。
●仏語の valoir「～の価値がある」を使った Ça ne vaut pas la peine. にあたりますね。Ce n'est pas la peine. と意味は同じ。

## 文法と表現

■ 理由を述べる表現
- because/parce que　たんに理由を述べる　(なぜなら～)
  - I say so *because* it is true. （それが本当だから私はそう言うのだ）
  - Je le dis *parce que* c'est vrai.
- since/puisque　理由が聞き手にも了解されている　(～であるからには)
  - It must be true *since* he says so. （彼がそう言うからにはそれは本当に
  - Ça doit être vrai *puisqu'*il le dit. 違いない）
- for/car　理由を補足的に述べる　(というのは～)
  - He couldn't come, *for* he was sick. （彼は来られなかった。というのは
  - Il n'a pas pu venir, *car* il était malade. 彼は病気だったからだ）

## 15. 道を尋ねる

● 通りで
■ 道を尋ねる言い方

■ 洋子がマリオンに薬局に行く道を尋ねています。

洋子　　：薬屋にはどう行くの，マリオン？
マリオン：まっすぐ行って，2番目の通りを左へ曲がるの。
洋子　　：そうするとサン・ジェルマン通りに出るんでしょう？
マリオン：そう。サン・ジェルマン・デプレ教会を通り過ぎたら左にあるわ。

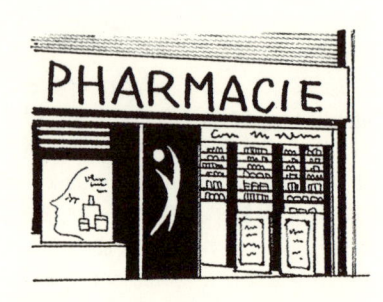

Y: **How can I get to the drugstore**, Marion?

M: Go straight, and take the second left.

Y: Then I'm on Saint-Germain Boulevard, right?

M: That's right. Then go past the St-Germain-des-Prés Church, and you'll find it on your left.

Y: **Comment dois-je faire pour aller à la pharmacie**, Marion?

M: Tu vas tout droit et tu prends la deuxième rue à gauche.

Y: Je tombe alors sur le boulevard Saint-Germain, n'est-ce pas?

M: C'est ça. Tu passes ensuite devant l'Eglise St-Germain-des-Prés, et tu trouveras la pharmacie sur ta gauche.

### 語彙

| | 通り | 大通り | 道 | 街道 | 右／左 | まっすぐに |
|---|---|---|---|---|---|---|
| 英 | street | boulevard | path | road | right/left | straight |
| 仏 | rue *f.* | boulevard *m.* | chemin *m.* | route *f.* | droite/gauche *f.* | tout droit |

## 「～にはどう行く？」

●最初の文章で「～にはどう行く？」は Comment dois-je faire pour aller à～? あるいは Comment faire pour aller à～? さらに省略して Pour aller à～, s'il vous plaît? といった尋ね方が考えられますが，英語の How can I get to～? に相当する Comment puis-je aller à～? のような言い方は仏語では不自然ですね。
◎逆に英語では仏語のように How must I do for～? のような言い方は変です。このへんが難しい。get to は go to の口語的な言い回しです。

### 道を教える

●道を指示する時ですがいろいろな表現が可能です。「まっすぐ行きなさい」Vous allez tout droit. のような現在形による表現，Allez tout droit. のような命令形による表現。あるいは近接未来や単純未来を使っても表現できます。
◎英語はここでは命令形を使っていますが，特に命令口調というわけではなく，自然な言い方ですね。もちろん現在形を使って，You go straight. と言ってもいいです。ただ you を強く言うと命令調になって無礼になります。ところで仏語では Tu vas tout droit et tu prends... と，prends の前でもう一度主語を繰り返していますが，これ必要なんですか？
●口語では繰り返したほうがいいです。
◎「二番目の通りを左へ曲がる」Take the second left. は Turn left at the second corner. とも言えます。
● turn「曲がる」という動詞を使うわけですね。仏語で tourner「曲がる」を使うなら Tournez à la deuxième (rue) à gauche. なお，「右に」は à droite,「まっすぐに」は (tout) droit。間違えやすい。

## 「サン・ジェルマン通りに出る」

◎「通りに出る」という言い方，仏語は面白いですね。tomber sur を使うんですか。
●そう。tomber sur は「たまたま行き当たる」という意味でいろいろ使えます。たとえば tomber sur le mauvais numéro と言えば「はずれくじを引く」という意味になります。
◎サン・ジェルマン通りっていうのはどこにあるんですか？
●パリのカルチエ・ラタンを東西に走る通りです。とても賑やかな通りで，サルトルがよく通ったといわれるカフェ，Deux Magots もこの通りにあります。このカフェの向かいにパリで一番古い教会として知られるサン・ジェルマン・デプレ教会があります。

### 文法と表現

■（駅に行く）道を尋ねる言い方
- Could you tell me where the station is, please?
- I'd like to know where the station is.
- Where is the station, please?
- The station, please.

- Pourriez-vous me dire où est la gare, s'il vous plaît?
- Je voudrais savoir où est la gare.
- Où est la gare, s'il vous plaît?
- La gare, s'il vous plaît.

## 16. 数量を言う

● 飲物
■ 中性代名詞 en

■ マリオンが洋子に飲物を勧めています。

マリオン：ウイスキーはいかが，洋子？
洋子　　：結構です。私お酒が強くないの。
マリオン：じゃあ，紅茶かコーヒーでも？
洋子　　：紅茶をいただくわ。
マリオン：砂糖は？
洋子　　：いらないわ。私，ダイエットしてるの。

M: How about a whisky, Yoko?
Y: No thanks. I'm not a strong drinker.
M: Well, then, tea or coffee?
Y: A tea, please.
M: **Do you want sugar?**
Y: No, I don't. I'm on a diet.

M: Tu veux un whisky, Yoko?
Y: Non, merci. Je supporte mal l'alcool.
M: Un thé ou un café, alors?
Y: Un thé, s'il te plaît.
M: **Tu mets du sucre?**
Y: Non, je n'en mets pas. Je suis au régime.

### 語彙

| | 飲物 | 飲む | アルコール | ワイン | ビール | 食前酒 |
|---|---|---|---|---|---|---|
| 英 | drink | to drink | alcohol | wine | beer | aperitif |
| 仏 | boisson *f.* | boire | alcool *m.* | vin *m.* | bière *f.* | apéritif *m.* |

## 部分冠詞

◎さて量の表し方は英語とフランス語ではかなり違うわけですね。

●フランス語には部分冠詞がある。物質名詞や抽象名詞のように数えられないものには、「いくらかの量」を言う時、男性名詞には du, 女性名詞には de la を付けるわけです。Avez-vous de l'argent?「お金を持っていますか?」。Il a du courage.「彼には勇気がある」。

◎英語には部分冠詞はないから不可算名詞には何もつけないか、形容詞の some, any, no を使います。Do you have (any) money? He has courage.

●ただ気をつけなくてはいけないのは、不可算名詞だからといって、いつも部分冠詞をつけるわけではないということです。例えば「~というもの」という、種類を問題にする時には定冠詞をとります。J'aime le café.「コーヒーが好き」という場合ですね。あるいは「コーヒーひとつお願いします」という時は、une tasse de café の意味で不定冠詞をつけ、Un café, s'il vous plaît. となる。

◎英語でも a cup of coffee の意味で One coffee, please. って言います。

●そういう単位の言い方を少し挙げてみましょうか。「コップ一杯の水」un verre d'eau,「一枚のハム」une tranche de jambon,「一本のワイン」une bouteille de vin,「1キロの肉」un kilo de viande。

◎英語だとそれぞれ、a glass of water, a slice of ham, a bottle of wine, a kilo of meat。

## 「どれくらい~?」

◎「どれくらい~?」という表現は、英語では数えられるか数えられないかによって異なります。数えられる名詞の場合は How many~?「何冊本を買ったか?」は How many books did you buy? 数えられない場合は How much~?「どれくらいビールを飲んだか?」How much beer did you drink?

●フランス語はどちらの場合も Combien de~? Combien de livres avez-vous achetés? Combien de bière avez-vous bue?

◎その答なんですが、英語では I bought three. とか I drank a little. のように数量を表す語をつければいいだけなんですが、フランス語は...

●ええ。中性代名詞の en を入れる必要があるんです。下で説明しましょう。最後にひとつ。「ダイエットをしている」は仏語では être au régime。diète という語もありますが、これは療養のためにする「節食」のことで少しニュアンスが違います。

### 文法と表現

■ 中性代名詞 en

1) 複数不定冠詞, 部分冠詞付きの名詞に代わる。
   Avez-vous de l'argent?           -Oui, j'*en* ai. (en=de l'argent)
   (Do you have any money?)         -Yes, I have some.)
2) 数詞, 数量副詞＋de 付きの名詞に代わる。
   Combien de biscottes voulez-vous?   -J'*en* veux trois. (en=biscottes)
   (How many rusks do you want?        -I want three.)

## 17. 容態を言う

● 病気
■ 冠詞の縮約

■ 風邪で寝込んだジャックを，マリオンが見舞っています。

マリオン：気分はどう？
ジャック：あまりよくないよ。
マリオン：どこが痛いの？
ジャック：頭が痛い。それにすごく咳込むんだ。
マリオン：熱もあるわね。かわいそうに！

M: **How are you feeling**?
J: Not very well.
M: Where does it hurt?
J: I have a headache. And I cough a lot.
M: You have some fever. Poor Jack!

M: **Comment te sens-tu**?
J: Pas très bien.
M: Où as-tu mal?
J: J'ai mal à la tête. Et je tousse beaucoup.
M: Oh! Mais, tu as de la fièvre. Mon pauvre!

### 語彙

| | 病気 | 病人 | 病気にかかっている | 病院 | 医者 |
|---|---|---|---|---|---|
| 英 | sickness | patient | to be sick | hospital | doctor |
| 仏 | maladie *f.* | malade *n.* | être malade | hôpital *m.* | médecin *m.* |

## 「気分が悪い」

● 自分の肉体的，精神的状態を言う時は仏語では代名動詞の se sentir～ を使います。「私は気分がよい(悪い)」は Je me sens bien (mal). 「疲れている」は Je me sens fatigué.
◎ 英語は feel ですね。I feel well (bad). 「疲れている」は I feel tired.
● 英語で I feel good. も聞くんですが。
◎ well は体の調子がいいことを言い，good とすると「気分がいい，楽しい」の意味になるようです。

## 「痛い」

●「～が痛い」という言い方は，仏語は avoir mal à～。例えば，「頭(胃，歯，のど)が痛い」は，J'ai mal à la tête (à l'estomac, aux dents, à la gorge).
◎ 英語でその言い方をするなら，I have a pain in my head. ですが，ちょっときどった表現です。普通は have a 部位＋ache という言い方をします。I have a headache (stomachache, toothache). ただし「のどが痛い」は I have a sore throat.
● J'ai mal～ の言い方でひとつ注意なんですが，J'ai mal au cœur. は「心臓が痛い」ではなくて，「吐き気がする」。
◎ 英語の I feel sick. ですね。

## 病気

● さて外国に行って病気になるのはとても心細いもの。病気関係の語彙は多少心得ておいた方が安心です。まず「風邪をひいた」は J'ai attrapé (pris) un rhume.
◎ 英語の I caught (a) cold. ですね。
●「風邪をひいている」だったら Je suis enrhumé.
◎ I have (a) cold.
●「熱が39度ある」は J'ai 39 degrés de fièvre.
◎ 英語は My temperature is 39 degrees. が自然です。
● フランスは医薬分業システムが確立しています。まず医者にみてもらい (consulter un médecin)，出してくれた処方箋 (une ordonnance) をもって薬局 (la pharmacie) に行き，薬 (le médicament) を買う。処方箋なしでは薬は買えない。
◎ アメリカでも同じだと思います。「診察してもらう」は see a doctor。consult a doctor は硬い言い回しです。「処方箋」は prescription. 「薬」は drug と medicine がありますが，drug は最近は「麻薬」の意味で使う方が多い。「薬局」は pharmacy, 米では drugstore というのもあって，ここでは薬の他に化粧品やタバコ，新聞・雑誌も売っています。

---

### 文法と表現

■ 冠詞の縮約

・フランス語で，前置詞 à と de の後の定冠詞 le, les は縮約される。

| | | |
|---|---|---|
| à le → au | J'ai mal <u>à le</u> cœur. | → J'ai mal *au* cœur. |
| à les → aux | J'ai mal <u>à les</u> dents. | → J'ai mal *aux* dents. |
| de le → du | le mal <u>de le</u> pays | → le mal *du* pays (ホームシック) |
| de les → des | le mal <u>de les</u> montagnes | → le mal *des* montagnes. (高山病) |

## 18. 値段を尋ねる

● アパート
■ how と combien

■ 洋子が家賃のもっと安いアパートを探しています。

洋子　　：家賃はいくら払ってるの？
マリオン：月800ユーロ。
洋子　　：高いわね。
マリオン：ええ，でも寝室が２つ付いてるわ。
　　　　　ねえ，洋子，こっちに引っ越して
　　　　　こない？
洋子　　：いいわね。家賃を折半できるわ。

Y: **How much do you pay for your apartment**?

M: Eight hundred euros a month.

Y: I think that's a little bit expensive.

M: Yes, but I have two bedrooms. Hey Yoko, why don't you move into my place?

Y: That's a good idea. That way, we can share the rent.

Y: **Combien paies-tu pour ton appartement**?

M: Huit cents euros par mois.

Y: Je trouve que c'est un peu trop cher.

M: C'est vrai, mais j'ai deux chambres. Dis-moi, Yoko, tu ne veux pas emménager chez moi?

Y: C'est une bonne idée. Comme ça, nous pourrons partager le loyer.

### 語彙

| | 不動産屋 | 借家人 | 家主 | 住居 |
|---|---|---|---|---|
| 英 | real estate agency | tenant | landlord | lodging |
| 仏 | agence immobilière *f.* | locataire *n.* | propriétaire *n.* | logement *m.* |

## 「支払う」

● 「～の代金を支払う」という言い方は、仏語では二通りあります。一つは payer～＋金額。例えば J'ai payé mon vélo 200 euros.「自転車に200ユーロ払った」。もう一つは payer＋金額＋pour～。J'ai payé 200 euros pour mon vélo. ここでは後者の構文を使っています。
◎英語の I paid 200 euros for my bicycle. にあたるわけですね。
● 仏語の appartement は，集合住宅の中にある一世帯用の住居をさし，集合住宅そのものは immeuble というんです。だから appartement は「マンション」の意味に近い。
◎英語の apartment も一世帯分の部屋のことで，建物全体は apartment house と言うようです。

## 「いくらですか？」

◎値段の尋ね方ですが，英語では How much is it? あるいは cost を使って How much does it cost?
● 仏語も同じような言い方ですね。C'est combien? あるいは英語の cost にあたる coûter を使って，Ça coûte combien? 店で買い物をおえてその支払いの金額を尋ねるときは Je vous dois combien? ともよく言います。

◎英語の How much do I owe you? ですね。
● 「それは高い」は C'est cher. 反対の「安い」は，それにあたる単語はなくて pas cher とするか bon marché を使います。
◎英語には「安い」cheap という単語がありますけどね。「高い」は expensive。間違いやすいのは「値段が高い」を The price is expensive. としてしまうこと。その場合は high を使います。
● 仏語もそう。Le prix est élevé（× cher）.

## 「家賃」

◎英語では「家賃」は rent。動詞にもなり「家を借りる」は rent a house. ただこの rent は，全く逆の「賃貸しする」の意味でも用いられるんです。例えば house for rent は「貸家」。
● それは面白い。フランス語の louer にも二つの意味があり，「家を借りる」は louer une maison。maison à louer は英語と同じように「貸家」です。
◎ 「～につき」は per でもいいんですが，普通は不定冠詞の a を使います。She earns 50,000 dollars a year.「彼女は年収5万ドルだ」。
● 仏語にはその不定冠詞の用法はありません。par を使って Elle gagne 50.000 euros par an.

### 文法と表現

■ how と combien
1. how many＋可算名詞 / combien de＋可算名詞
   -How many books did you buy? -Combien de livres as-tu achetés?
2. how much＋不可算名詞 / combien de＋不可算名詞
   -How much money do you have? -Combien d'argent avez-vous?
3. how＋形容詞（tall, long, far など） / combien＋動詞
   -How tall are you? -Combien mesurez-vous?

## 19. 天候を言う

● 天候
■ 非人称構文と形式主語

■ 洋子とジャックが最近の天候について話しています。

洋子　　：天気予報によれば**明日も雨**ですって。
ジャック：明日も！　これで3日続けて雨。
洋子　　：それにこの暑さ！　まるで日本の夏みたい！
ジャック：パリの夏は普通はもっと涼しいのに。
洋子　　：まったくついてないわ。

Y: The weather forecast says **it'll rain again tomorrow**.
J: Again! It's been raining for three days.
Y: And this heat! It's like summer in Japan.
J: Usually, the summer isn't this hot in Paris.
Y: I have no luck.

Y: D'après la météo, **il pleuvra encore demain**.
J: Encore! Ça fait trois jours qu'il pleut.
Y: Et cette chaleur! C'est comme l'été japonais!
J: D'habitude, il fait moins chaud l'été à Paris.
Y: Je n'ai vraiment pas de chance.

### 語彙

| | 天候 | 天気予報 | 雨 | 風 | 雲 | 雪 |
|---|---|---|---|---|---|---|
| 英 | weather | weather forecast | rain | wind | cloud | snow |
| 仏 | temps *m.* | météo(rologie) *f.* | pluie *f.* | vent *m.* | nuage *m.* | neige *f.* |

### 「天気予報によれば」

◎「〜によれば」は〜say that の構文を使いましたが，フランス語の d'après にあたる前置詞句を用いて，According to the weather forecast,... のように言ってもちろんいいです。
●天候の言い方ですが，非人称構文である点は英語もフランス語も同じですね。「雨が降る」は Il pleut．「雪が降る」は Il neige．こうした pleuvoir とか neiger という動詞は非人称動詞といって3人称単数でしか用いられません。
◎英語も非人称の it と共に用いて It rains. とか It snows. il と it は時間や天候の表現あるいは形式主語として共通する用法があるようです。下で整理してみましょう。

### 「3日続けて」

●「3日続けて雨」は Ça fait trois jours qu'il pleut. ですが，この Ça fait... que〜は，「〜してから...がたつ」という構文です。Il pleut depuis trois jours. と言っても同じ。
◎英語にも Ça fait... que〜 のような構文はあります。It has been 3 days since it started raining.
● It の後は現在完了形にするんですか？

◎「3日前からずっと」という，過去に始まって現在も継続している状態を表しますから，現在完了形になるんです。
●仏語はこういう場合，複合過去にはしません。現在形で「現在にいたる継続」を表すことができるんです。

### 「天気がいい」

●「もっと涼しい」を仏語では moins chaud いわゆる劣等比較を用いているんですが，英語の not this hot というのは...
◎この this は程度を表す副詞で not this 〜 で「そんなに〜ではない」の意味になるんです。さてまた天気の言い方ですが，仏語では faire を使って Il fait... という言い方をするんですね。
●そう。Il fait beau (mauvais, nuageux, chaud, froid)「天気がいい（悪い，曇っている，暑い，寒い）」とか。
◎英語は It is〜 か The weather is〜 という言い方をします。It's nice today.「天気がいい」The weather is bad.「天気が悪い」，It's hot (cold).「暑い（寒い）」。
●明日の天気はどう聞くんですか？
◎ What's the weather going to be tomorrow? フランス語は？
● Quel temps va-t-il faire demain?

---

### 文法と表現

■ 非人称構文と形式主語
・時間・天候
 -What time is it?  　　　-Quelle heure est-il?
 -It's fine today.　　　　-Il fait beau aujourd'hui.
・その他－英語には距離を表す it (It's not a long way)，仏語には il faut〜（〜しなければならない），il y a〜（〜がある）などの非人称構文がある。
・形式上の主語
 -It is difficult to love him.　　-Il est difficile de l'aimer.

## 20. 人の描写をする

● 家族
■ 形容詞の位置

■ 洋子がマリオンに自分の家族の写真を見せています。

洋子　　：この眼鏡をかけているのが，私の弟よ。
マリオン：背が高くてスマートなのね。
洋子　　：この左上が私の母。
マリオン：知的な感じの方ね。あなたは彼女にとてもよく似ているわ。

Y: The young man who is wearing glasses is my brother.
M: Oh! **He's tall and slim**!
Y: And the woman at the upper left is my mother.
M: **She looks intelligent**. You resemble her very much.

Y: Ce jeune homme qui porte des lunettes, c'est mon frère.
M: Oh! **Il est grand et mince**!
Y: Et la dame en haut à gauche, c'est ma mère.
M: **Elle a l'air très intelligente**. Tu lui ressembles beaucoup.

### 語彙

| | 家族 | 両親 | 子供 | 夫 | 妻 | 夫婦 |
|---|---|---|---|---|---|---|
| 英 | family | parents | child | husband | wife | couple |
| 仏 | famille *f.* | parents *m.pl.* | enfant *n.* | mari *m.* | femme *f.* | couple *m.* |

### 「眼鏡をかけている」

●さて人の描写ですが，まず外見から。「～を身につけている」は仏語では何にでも porter～ を使います。porter un chapeau (des lunettes, une cravate, une veste, des gants, un pantalon, des chaussures)「帽子をかぶっている（眼鏡をかけている，ネクタイをしている，上着を着ている，手袋をはめている，ズボンをはいている，靴をはいている）」など。日本語では身につけているものによって動詞が異なるのに比べ，簡単です。「身につける」という動作を言うんだったら mettre。Mets ton manteau.「コートを着なさい」。これもどんな物にでも言えます。
◎何にでも使えるのは英語も同じ。porter にあたるのが wear で，mettre にあたるのが put on です。

### 「スマートで背が高い」

●身体の外見ですが，grand (petit)「背が高い（低い）」，gros (mince)「太っている（ほっそりしている）」などの他に，仏語では目や髪の色を特徴として挙げる場合が多いと思います。推理小説なんかでよくでますよね。Il a les yeux bleus (noirs, marron).「彼は青い（黒い，茶色の）目をしている」。髪は Il a les cheveux blonds (bruns).「彼は金髪（茶色の髪）だ」。長さだったら Il a les cheveux longs (courts, frisés).「彼は長い（短い，カールした）髪をしている」など。「彼は金髪だ」は Il est blond. という言い方もできます。
◎英語は髪は He has blond (brown, red) hair. He is blond. という言い方もあります。

### 「～のように見える」

◎性格などはしばしば推測するしかないものだから look (like)「～のように見える」という言い方をよくします。He looks smart.「彼は利口そうだ」。
●フランス語だったら avoir l'air～。Il a l'air sympa.「彼は感じがよさそうだ」とか。
◎「～に似ている」は resemble。これは他動詞だからすぐ目的語がきます。You resemble your mother.「あなたはお母さんに似ている」。
●フランス語の ressembler は間接他動詞。前置詞 à の後に目的補語がきます。だから Tu ressembles à ta mère.

---

### 文法と表現

■ 形容詞の位置
・形容詞は原則として英語では名詞の前に置き，仏語では名詞の後に置く。
  -an interesting job / un métier intéressant （面白い仕事）
  -red shoes / des chaussures rouges （赤い靴）
ただし次のような場合もある。
  -It is a subject easy to learn.（英語で名詞の後に長い修飾語がつく時などは名詞の後）
  -C'est un joli chapeau.（仏語で joli, jeune, petit, grand などの形容詞は名詞の前）

―― まとめ 2 ――

## ■ 冠詞について

- 英語にもフランス語にも冠詞があって，それぞれ重要な働きをしますが，その用法はしばしば異なります。主な違いを挙げてみましょう。

### 1．不定冠詞

- 英語は単数形は a，性の区別はない。仏語は名詞の性によって冠詞が異なり，男性単数形は un, 女性単数形は une。
  - -This is a pen.　　/ C'est un stylo.　　（これはペンです）
  - -This is a flower.　/ C'est une fleur.　　（これは花です）
- 英語には複数形はないが，仏語は複数形の des がある。
  - -These are houses.　/ Ce sont des maisons.　（これらは家です）
- 英語の a は母音の前では an になり，後続の母音とリエゾンする。仏語の un, une, des は母音または無音の h の前でリエゾン，アンシェーヌマンをする。
  - -an apple（一つのリンゴ）　-un étudiant/une étudiante/des étudiants
- 英語と異なり，仏語では職業・国籍を表す名詞が属詞になると冠詞が省略される。
  - -He is an architect. / Il est architecte.　（彼は建築家です）
- 英語は同格の名詞に冠詞をつけることもあるが，仏語は冠詞を省略する。
  - -Mrs Leclerc, an office worker / Madame Leclerc, employée de bureau
- 英語は感嘆文で what の後に冠詞をつけるが，仏語は quel の後には冠詞をつけない。
  - -What a surprise ! / Quelle surprise !　（なんという驚き！）
- 英語と異なり，仏語では否定文で直接補語の前におかれた不定冠詞は de に変わる。
  - -I don't have a car. / Je n'ai pas de voiture.　（私は車をもっていない）
- 英語は「～につき」の意味で a (an) を使うが，仏語にはこの用法はない。
  - -three times a week / trois fois par semaine　（週に3回）

### 2．定冠詞

- 英語は単数，複数とも the。仏語は男性単数は le，女性単数は la，複数は les である。
  - -the driver　　　/ le chauffeur　　（運転手）
  - -the secretary　 / la secrétaire　　（秘書）
  - -the students　　/ les étudiants　　（学生たち）
- 英語の the は母音で始まる語の前で [ði] と発音する。仏語の le, la は母音または無音の h の前でエリジオン (l') する。
  - -the end　/ l'avion, l'histoire
- 英語は複数名詞の総称用法で冠詞は付けないのが一般的。仏語は les が必要。
  - -I like dogs. / J'aime les chiens.　（私は犬が好きだ）

- 英語は抽象名詞・物質名詞の総称的用法には冠詞を付けないが，仏語は le, la が必要。
  - Time is money. / Le temps, c'est de l'argent.　（時は金なり）
  - Bread is made from wheat. / On fait le pain du blé.（パンは小麦から作られる）
- 英語は身体の一部の表現には所有格を使うが，仏語は定冠詞を使う。
  - Open your mouth. / Ouvrez la bouche.　（口を開けなさい）
- 英語では次のような場合は無冠詞。仏語は冠詞が必要。
  - 国名：Canada, France　　　　　　/le Canada, la France
  - 言語：French, English　　　　　　/le français, l'anglais
  - 季節：spring, summer　　　　　　/le printemps, l'été
  - 食事：lunch, dinner　　　　　　　/le déjeuner, le dîner
  - 学科：mathematics　　　　　　　/les mathématiques
  - スポーツ：play tennis　　　　　　/jouer au tennis

## 3．部分冠詞

- 英語には部分冠詞はない。仏語は部分冠詞があり男性形は du，女性形は de la，母音または無音の h の前で de l'。
  - wine / du vin　　　　　（いくらかのワイン）
  - beer / de la bière　　　（いくらかのビール）
  - courage / du courage　（いくらかの勇気）
- 英語は数えられない物の「いくらかの量」を表す場合は，何も冠詞をつけないか，形容詞の some（肯定文で），any（疑問文・否定文で），no（否定文で）を付ける。仏語は数えられない物の「いくらかの量」を表す場合は部分冠詞を付ける。
  - Do you have (any) butter? / Avez-vous du beurre?　（バターがありますか？）
  - I bought (some) bread. / J'ai acheté du pain.　（パンを買った）
  - I have no money. / Je n'ai pas d'argent.　（金がない）
  - He has courage. / Il a du courage.　　　　　（彼は勇気がある）

|  |  | 英語 |  | 仏語 |
| --- | --- | --- | --- | --- |
| 不定冠詞 | 単数 | a (an) | 男性 | un |
|  |  |  | 女性 | une |
|  | 複数 | なし | 男・女 | des |
| 定冠詞 | 単数 | the | 男性 | le (l') |
|  |  |  | 女性 | la (l') |
|  | 複数 | the | 男・女 | les |
| 部分冠詞 |  | なし | 男性 | du (de l') |
|  |  |  | 女性 | de la (de l') |

# III章　語るための表現

[CD 21]

## 21. 過去のことを語る I

● 電話
■ 複合過去

■ ジャックが，きのうマリオンを食事に誘いそこねたことを話しています。

ジャック：きのうの夕方，電話したんだけど，君が出なくて。
マリオン：ごめん，洋子と長電話していたの。何の用事だったのかしら。
ジャック：洋子から君の試験が終わったって聞いたんで，食事に誘おうと思ったんだ。
マリオン：まあ残念，また誘ってね。

J : **I called you yesterday evening**, but I couldn't get through.

M : I'm sorry. I was having a long talk with Yoko. What did you want?

J : Yoko told me you had finished your exams, so I wanted to invite you to dinner last night.

M : Oh! That's too bad. I hope you'll invite me some other time.

J : **Je t'ai appelée au téléphone hier soir**, mais je n'ai pas pu t'avoir.

M : Je suis désolée. J'ai bavardé longtemps avec Yoko. C'était pour quoi?

J : Yoko m'a dit que tu avais fini tes examens, alors j'ai voulu t'inviter à dîner hier soir.

M : Oh! Que c'est dommage! J'espère que tu m'inviteras une autre fois.

### 語彙

| | 電話 | 電話番号 | ～を電話に呼び出す |
|---|---|---|---|
| 英 | (tele)phone | phone number | to call～to the phone |
| 仏 | téléphone *m.* | numéro de téléphone *m.* | appeler～au téléphone |

## 複合過去

◎仏語の時制，特に過去時制はよくわからない。Je t'ai appelée au téléphone hier soir. に使われているのは複合過去ですよね。これから説明してください。
●複合過去は「過去のある時点において完了した事実」を表します。上の文章で言えば，hier soir というある過去の時点で，appeler au téléphone「電話をかける」という行為が完了している，だから複合過去を使っているわけです。
◎英語でいえば，過去の動作を表す過去形に相当するわけですね。だから I called you yesterday evening. になる。
●はい。でも複合過去はたんに事実が完了したことだけでなく，その事実が現在におよんでいる結果も表すことができます。
◎それは英語の現在完了じゃないですか？
●そう。だから例えば，The last bus has already left.「最終バスはもう出てしまった」という英語の現在完了の文は，Le dernier bus est déjà parti. となる。だから簡単に言えば，複合過去は英語の過去時制と現在完了の両方をカバーする時制だと考えられます。
◎英語の現在完了は完了，結果，経験，継続の四つの用法をもちうるんですが，複合過去もそうなんですか？
●完了と結果は上で説明した通りですね。経験は，例えば J'ai été à Paris.「パリに行ったことがある」のような文章がそうです。ただ「現在までの状態の継続」を表す I've lived here since I was born.「生まれて以来ずっとここに住んでいる」のような文章は，仏語では現在形が普通で，J'habite ici depuis que je suis né. となり，複合過去は使わないんです。
◎なるほど，だいぶわかってきたんですが，仏語にはまだ半過去というややこしい時制がある。
●そうなんです。過去の動作や状態を表す英語の過去形は，いつも複合過去で表せるとはかぎらない。半過去にしなければならない場合があるんです。これは次の課で説明しましょう。

## 時制の一致

●もう一つ時制の問題ですが，「試験が終わったって聞いたんで」のところで，「終わった」はフランス語では tu avais fini, 大過去形です。
◎英語では You had finished, 過去完了。ともに時制の一致というわけですね。こういう対応関係があるとホッとする。
●一つ語彙の質問ですが，get through というのは？
◎「電話が通じる」。I couldn't get through to London. は「ロンドンにつながらなかった」。

---

### 文法と表現

■ 複合過去─助動詞（avoir または être）＋過去分詞
　助動詞が être の時は過去分詞は主語の性数に一致する。

| dire（言う） | | partir（出発する） | |
|---|---|---|---|
| j' ai dit | nous avons dit | je suis parti(e) | nous sommes parti(e)s |
| tu as dit | vous avez dit | tu es parti(e) | vous êtes parti(e)(s) |
| il a dit | ils ont dit | il est parti | ils sont partis |
| elle a dit | elles ont dit | elle est partie | elles sont parties |

## 22. 過去のことを語る II

● コンサート
■ 半過去

■ マリオンとジャックがコンサートの話をしています。

マリオン：昨日のマイケル・ジャクソンのコンサート，行ったの？

ジャック：もちろん。だって，**僕はロック歌手になりたかったんだよ**。

マリオン：まあ，そうなの。知らなかったわ。

ジャック：高校ではロック・バンドやってたんだ。女の子にすごくもてたんだよ。

M: Did you go to the Michael Jackson Concert yesterday?

J: Of course. You know, **I wanted to be a rock singer**.

M: Oh really? I didn't know that.

J: When I was in high school, I was in a rock band. Girls were really crazy about me.

M: Tu es allé au concert de Michael Jackson hier?

J: Bien sûr. Moi, **je voulais être chanteur de rock**, tu sais.

M: C'est vrai? Je ne savais pas.

J: Quand j'étais lycéen, je faisais partie d'un groupe de rock. Toutes les filles étaient folles de moi.

### 語彙

| | コンサート | クラシック（古典音楽） | 歌手 | スター |
|---|---|---|---|---|
| 英 | concert | classical music | singer | star |
| 仏 | concert *m.* | musique classique *f.* | chanteur *m.* (chanteuse *f.*) | vedette *f.* |

## 半過去

◎さてこの課では過去の出来事を語っているわけですが，仏語の je voulais や j'étais は半過去と言われる時制ですね。この半過去というのは英語にはなく，わかりにくい時制です。説明してください。

●前の課で見たように，複合過去は「過去のある時点において完了している事実」を表すんですが，それに対して半過去は「過去のある時点を基準にして未完了の事実」を表現する，というのが基本なんです。半過去の「半」は行為が「半(なか)ば」という意味で，未完了ということと同じです。未完了ですから，半過去は過去の出来事を進行中，あるいは持続している状態で捉えるということです。

◎それで英語の「過去における進行中の動作」をあらわす過去進行形にまず相当するんですね。例えば What were you doing when she arrived?「彼女が到着した時あなたは何をしていましたか？」は...

● Qu'est-ce que tu faisais quand elle est arrivée?

◎英語の場合，be 動詞や have 動詞，あるいは心の動きをあらわす want, love, think などといったいわゆる"状態動詞"は進行形にしませんから，過去のことを述べるんだったら過去進行形ではなく，過去形にします。仏語ではこれらも半過去になるんですね。

●そう。だから会話文の「なりたかった」I wanted... は je voulais...,「知らなかった」I didn't know は Je ne savais pas,「やっていた」I was in... は je faisais になっているんです。

◎だいぶわかってきましたが，前の課で「長電話していた」というところを英語では I was having a long talk. としているんですね。have は状態動詞ですがこの場合は一時的な動作と考えて過去進行形にできるんです。だったら p.70 で Je bavardais longtemps. と半過去になるんじゃないですか？

●ところが J'ai bavardé longtemps. と複合過去になっている。鋭い質問ですね。複合過去と半過去の違いを「完了」か「未完了」かとさっき説明したんですが，そのことは「行為の始まりと終わりを示すか示さないか」の違いでもあってこのことは重要なんです。始まりと終わり，つまり期間が示されていれば複合過去，示されていなければ半過去。ここでは longtemps が行為のなされた期間を示している。

◎だから複合過去なんですか？じゃあ例えば She was ill for a week.「彼女は1週間病気だった」は？

●Elle a été malade pendant une semaine. 期間が明示されてるから複合過去です。

◎そうなんですか。半過去にしちゃいそうですけどね。

●確かによく間違えるところです。ところで半過去は過去の習慣も表す。それは次の課で説明しましょう。

### 文法と表現

■ 半過去——語幹は直説法現在 nous の活用形の語幹から。語尾は全ての動詞に共通。

| savoir | | être (特殊な語幹) | |
|---|---|---|---|
| je sav*ais* | nous sav*ions* | j' ét*ais* | nous ét*ions* |
| tu sav*ais* | vous sav*iez* | tu ét*ais* | vous ét*iez* |
| il sav*ait* | ils sav*aient* | il ét*ait* | ils ét*aient* |

## 23. 過去の習慣

● 思い出
■ 反復を表す副詞

■ ジャックがマリオンに子供の頃のことを尋ねています。

ジャック：子供の頃のこと，よく思い出すかい？
マリオン：ええ，時々ね。夏はよく祖父母の農園に行ったわ。
ジャック：そこで乗馬を覚えたんだね。
マリオン：そう，夜明け前に起きて遠乗りに出かけたものだったわ。

J: Do you often think about your childhood?
M: Yes, sometimes. **In summer I often used to visit my grandparents' farm**.
J: Is that where you learned horse-back riding?
M: Yes, I used to wake up before dawn and go for a long ride.

J: Tu penses souvent à ton enfance?
M: Oui, ça m'arrive. **En été, j'allais souvent dans la ferme de mes grands-parents**.
J: C'est là que tu as appris l'équitation?
M: Oui. Je me levais avant l'aube pour faire de grandes promenades à cheval.

### 語彙

| | 思い出 | 思い出す | 忘れる | 過去 |
|---|---|---|---|---|
| 英 | memory | to remember | to forget | past |
| 仏 | souvenir m. | se souvenir de (se rappeler) | oublier | passé m. |

## 「思い出す」

●「子供の頃のこと，よく思い出す？」のところで，「思い出す」を，仏語だと se rappeler とか se souvenir de を使いたくなりますが，それらは「覚えている」とか「忘れていたことを記憶によみがえらせる」という意味で，ここではそうではなく，「昔のことを繰り返し考える」の意味だから，penser (souvent) à ぐらいが適当です。
◎英語もそう。ここは remember は不可。reminisce とか think about がいい。
●「よく」の often と souvent の位置がちがいますね。souvent は普通は動詞の前にはこない。Je vais souvent à Paris. とか。
◎ often は一般動詞の時は前が普通です。I often went there. be 動詞や助動詞のときはその後。It's often cold here. でも強調したりするときは普通とは違う位置になることもよくあります。

## 「～したものだった」

●仏語の半過去は，前の課で過去における未完了だと説明しましたが，「繰り返すこと」も未完了の事実と考えられます。そこで「～したものだった」という過去の習慣も仏語では半過去で表します。会話文では「行った」の j'allais,「起きたものだった」の je me levais がそれです。
◎英語では過去形で過去の習慣を表すことができますが，はっきりさせるには used to あるいは would＋動詞の原形を用います。I would often visit... とか I used to wake up とか。
● used to と would には使い方の違いはあるんですか？
◎大した違いはないんですが，ただ状態動詞と共に用いられるときは used to だけのようです。I used to (×would) like vegetables.「野菜が好きだった」。これと紛らわしいのが be used to＋名詞 (動名詞)「～に慣れている」で，例えば My father is used to getting up early. は「父は早起きに慣れている」です。

## 「そこで～した」

◎ That is where... の where は，先行詞をふくんだ関係副詞で「～する場所（点）」の意味です。That's where you are wrong.「そこが君の間違っている点だよ」。
●仏語だと C'est où tu te trompes. 仏語の où も先行詞をふくんだ関係副詞になりえます。ただここの「そこで乗馬を覚えたんだね」は C'est là que...「～したのはそこだ」という強調構文にする方が自然な文章のようです。

---

### 文法と表現

■ 反復を表す副詞
- 「ときどき」sometimes, occasionally/parfois, quelquefois, de temps en temps
  - -Sometimes it snowed.      -Parfois il neigeait.
- 「しばしば」often, frequently/souvent, fréquemment
  - -We often used to play together.    -Nous jouions souvent ensemble.
- 「いつも」always/toujours, tout le temps
  - -He is always complaining.      -Il se plaint toujours.

## 24. 近い過去のことを語る

● ドライヴ
■ 経験を表す副詞

■ ジャックが新車を買い，マリオンをドライヴに誘っています。

マリオン：それ，あなたの新車なの？
ジャック：うん，**買ったばかりさ**。よかったらドライヴに連れて行ってあげるけど。どこへ行きたい？
マリオン：シャルトルはどうかしら。まだ車で行ったことないの。
ジャック：オーケー。昼には着いてるよ。

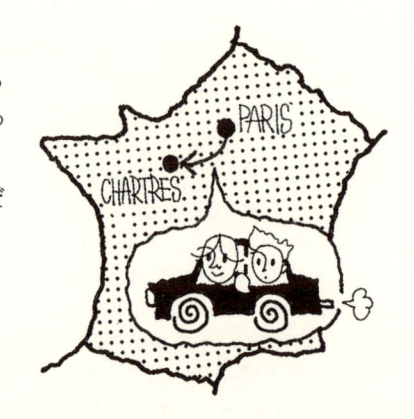

M: That's your new car?

J: Yes, **I've just bought it**. If you want, I'll take you for a drive. Where would you like to go?

M: How about Chartres? I've never been there by car.

J: OK. We'll arrive by noon.

M: C'est ta nouvelle voiture?

J: Oui, **je viens de l'acheter**. Si tu veux, je t'emmène faire une promenade. Où aimerais-tu aller?

M: Si on allait à Chartres? Je n'y suis jamais allée en voiture.

J: D'accord. Nous serons arrivés avant midi.

### 語彙

| | 車を運転する | 高速道路 | 自動車事故 | スピード |
|---|---|---|---|---|
| 英 | to drive a car | expressway | car accident | speed |
| 仏 | conduire une voiture | autoroute *f.* | accident d'auto *m.* | vitesse *f.* |

## 「～したばかり」

● Je viens de l'acheter. の venir de＋不定詞は「～したばかり」という意味で，近接過去と呼ばれる用法です。
◎英語には特にそういう用法はありません。現在完了を使って just を入れればその意味になります。I've just bought it. ただ have been to は「～に行ってきたところだ」という意味で使われることがあります。I've been to the barbershop.「床屋に行ってきたところだ」。

## 「ドライヴ」

◎英語の drive は「車を運転する」という意味の動詞ですが，名詞では「車を運転すること」の意味のほかに娯楽や気晴らしする，いわゆる「ドライヴ」の意味もあります。「ドライヴに行く」は go for a drive。
● 仏語の「運転する」は conduire, 名詞は conduite ですが，これには「ドライヴ」の意味はありません。だから「ドライヴする」というのは faire une promenade (en voiture) みたいに言うしかなさそうです。

## 「行ったことがない」

◎ I've never been there.「そこには一度も行ったことがない」。be 動詞を現在完了形にすると，「行ったことがある」という「経験」の意味になります。go を使うと「結果」になって He has gone to London.「彼はロンドンに行ってしまった」。とは言っても，しばしば never のような副詞を使って have gone を「経験」の意味で使うこともあるようですが。
● 仏語の être も，複合過去で使うと「行ったことがある」の意味になります。だからここで Je n'y suis jamais allée. のかわりに Je n'y ai jamais été. でもいいんです。

## 「昼には着いている」

● Nous serons arrivés は前未来と呼ばれる用法です。未来のある時点（ここでは「昼 midi」）までに完了している事実を表します。助動詞の未来形（serons）に過去分詞（arrivés）をつけて作ります。
◎英語の未来完了ですね。will (shall)＋have＋過去分詞。by や before のような「未来のある時」を表す語とともに用います。でもここは We'll arrive by noon. と普通の未来形で言ったって通じますけどね。ところでシャルトルってどこにあるんですか？
●パリから西へ車で1時間半くらいのところにあります。大聖堂があって巡礼の地としても有名です。とくにブルーのステンドグラスが美しく，多くの観光客が訪れる所です。

---

### 文法と表現

■ 経験を表す副詞

| | | |
|---|---|---|
| 以前 | -I've seen you *before*. | -Je vous ai *déjà* vu. |
| これまでに | -Have you *ever* been to Paris? | -Tu as *jamais* été à Paris? |
| 前に一度 | -I saw him *once*. | -Je l'ai vu *une fois*. |
| 一度も～ない | -He *never* came back. | -Il n'est *jamais* revenu. |

## 25. 未来のことを語る

- 予定
- be going to と近接未来

■ マリオンとジャックが明日の予定を話しています。

ジャック：週末の予定は？　家にいるの？
マリオン：まだ決めてないわ。でも天気がよかったら，たぶん洋子とテニスをしに行くわ。
ジャック：僕は『バック・トゥ・ザ・フューチャー』を見に行く。とても面白いって評判だよ。
マリオン：それじゃ，もし雨だったら，私たちも一緒に行くわ。

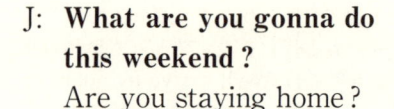

J: **What are you gonna do this weekend?**
Are you staying home?

M: I haven't decided yet, but if the weather's good, **maybe I'll play tennis with Yoko**.

J: I'm going to see "Back to the Future." They say it's very entertaining.

M: Well, then, if it rains, we'll join you.

J: **Qu'est-ce que tu vas faire ce week-end?** Tu vas rester chez toi?

M: Je n'ai pas encore décidé, mais s'il fait beau, **j'irai peut-être jouer au tennis avec Yoko**.

J: Moi, j'irai voir "Retour au futur." Il paraît que c'est un film très amusant.

M: Eh bien, s'il pleut, nous irons avec toi.

### 語彙

| | 家にいる | 買い物に出かける | 映画を見に行く |
|---|---|---|---|
| 英 | to stay home | to go shopping | to go to the movies |
| 仏 | rester à la maison | aller faire des courses | aller au cinéma |

### 近接未来

● Qu'est-ce que tu vas faire demain? の aller＋不定詞は近接未来の用法です。aller が「～に行く」という意味を離れてたんに助動詞的に使われる。「～するつもり」とか「～しようとしている」の意味になります。
◎まさに英語の be going to ですね。be going to は近い未来だけでなく，確定した予定や話者の意志も表します。
●仏語もそう。下で整理しましょう。英語は現在進行形も未来や予定，意志を表せるんですね。
◎ええ。Are you staying home? は予定の意味です。

### 単純未来

●「テニスをしに行く」J'irai jouer au tennis. の irai は仏語の単純未来形といわれるものです。この「単純」は助動詞＋過去分詞からなる「複合形」に対して，そうではない「単純な形」の意味で言われるもので，英語でいう「意志未来」に対立する「単純未来」とは別の事です。
◎そういえば仏語では，英語のように単に未来のことを述べる「単純未来」，話者や主語の意志を表す「意志未来」といった区別はしないようですね。
●ええ。仏語の単純未来はその両方をカヴァーし，その差異は文脈によるものでしかないと考えます。
◎仏語の近接未来と単純未来の違いはどうなんですか？
●起こりうる可能性の違いだと思います。J'irai peut-être jouer au tennis. のところで単純未来が使われているのは，si「もし～ならば」という条件があって，peut-être つまり，まだテニスをするかどうか確かでないからで，もっと確実にテニスをするという気持ちがあるなら近接未来，さらにすることが確実なら現在形で表現すると思います。
◎なるほど。英語でも確実な予定なら現在形が使えます。あと，英語で時や条件を表す if のあとは will, shall を普通使わないんですが，仏語も同じですね。
●ええ。条件の si の後は未来形は使えません。

### 「～という評判だよ」

◎「～だそうだ」という，人からの伝聞を表現するには They say とか People say, I hear，書き言葉では It is said that とかいろいろあるんですが，仏語では Il paraît que～を使うんですか？
● Il paraît que～ を「～のように見える」ととる人がよくいるんですが間違い。On dit que と同じ意味で「人の噂では」の意味です。英語の I hear にあたるのは J'entends dire。

---

### 文法と表現

■ be going to と近接未来
- 近い未来　「雪がふりそうだ」
  - -It is going to snow.　　　　　-Il va neiger.
- 主語の意志　「車を買うつもりだ」
  - -I am going to buy a car.　　　-Je vais acheter une voiture.
- 話者の意志（命令）　「言いつけた通りにしなさい」
  - -You are going to do as I told you. -Tu vas faire comme je t'ai dit.

## 26. 仮定する

● 盗難
■ 仮定法/条件法

■ ジャックが財布を盗まれたようです。

マリオン：どうしたの，ジャック。
ジャック：地下鉄で財布を盗まれちゃった。もっと気をつけるべきだったよ。
マリオン：かわいそうに！　お金がたくさんあれば貸してあげられるんだけど。
ジャック：大丈夫，なんとかなるよ。

M: What's the matter, Jack?

J: I was robbed of my wallet in the subway. I should have been more careful.

M: Poor Jack! **If I had enough money, I would lend you some**.

J: Don't worry, I'll manage.

M: Qu'est-ce que tu as, Jacques?

J: Je me suis fait voler mon portefeuille dans le métro. J'aurais dû faire plus attention.

M: Pauvre Jacques! **Si j'avais assez d'argent, je t'en prêterais**.

J: Ne t'en fais pas. Je me débrouillerai.

### 語彙

|   | ～を盗む | 盗難にあう | 泥棒 | スリ | 警察 |
|---|---|---|---|---|---|
| 英 | to steal | to be robbed | thief | pickpocket | police |
| 仏 | voler | se faire voler | voleur *m.* | pickpocket *m.* | police *f.* |

## 「盗まれた」

◎「盗まれる」という言い方は注意が必要です。be robbed of〜では主語は必ず人になります。それに対して steal の受け身のbe stolen では主語は物です。例えば My camera was stolen.「カメラを盗まれた」。この文は Someone stole my camera. あるいは I had my camera stolen. とも言い換えられます。

●仏語では「盗む」は voler ですが、「盗まれる」と言うとき、人や物を主語にして voler を受動態で使うことはできないんです。se faire voler というふうに代名動詞を用いるか、on を主語にする。Je me suis fait voler mon appareil. あるいは On m'a volé mon appareil. です。

## 「〜なら、〜であろうに」

●さて仮定の表現ですが、英語と仏語で文法用語が違う。英語の仮定法過去を仏語では条件法現在といい、英語の仮定法過去完了のことを仏語では条件法過去と言うんですね。まずここが間違いやすい。左の会話の文章で「お金がたくさんあれば貸してあげられるんだけど」は、「実際にはお金がないから貸してあげられない」、つまり現実と反する事実を述べているわけです。仏語では条件法現在を用いて、Si j'avais assez d'argent, je t'en prêterais. とする。

◎英語では仮定法過去。If I had enough money, I would lend you some.

## 「もっと気をつけるべきだった」

●仮定法や条件法は if や si で導かれる文章が多いんですが、それを使わなくても表せます。「もっと気をつけるべきだった」の文には、言外に「もし可能だったならば」という仮定（条件）の意味が含まれている。だから仏語では j'aurais dû faire...「〜すべきであったのに」という条件法過去が使われています。dû は devoir「すべきである」の過去分詞です。

◎英語は I should have been... と仮定法過去完了になります。

## 「なんとかなる」

◎語句で注意すべき点をあげてみましょう。「地下鉄」は英では underground か tube、米では subway が普通です。「なんとかなる」は、英語では manage がぴったり。I can manage.

●仏語だと se débrouiller にあたりますね。

---

### 文法と表現

■ 仮定法／条件法

- 仮定法過去
  If＋S＋過去形, S＋would＋原形
  -If it rained, I wouldn't go out.
  「もし雨が降っていれば出かけないのだが」

- 条件法現在
  Si＋S＋半過去, S＋条件法現在
  -S'il pleuvait, je ne sortirais pas.

- 仮定法過去完了
  If＋S＋過去完了, S＋would＋現在完了
  -If it hadn't rained, I would have gone.
  「もし雨が降らなかったら出発していただろうに」

- 条件法過去
  Si＋S＋大過去, S＋条件法過去
  -S'il n'avait pas plu, je serais parti.

## 27. 比較する

● ペット
■ 比較の表現

■ マリオンとジャックが犬と猫のどっちが好きか話し合っています。

マリオン：犬と猫と，どっちが好き？
ジャック：犬。猫よりやさしいし，飼主に忠実だから。
マリオン：私は猫。猫は動物の中で，一番美しいと思わない？
ジャック：僕は犬だって同じくらい美しいと思うけど。

M: **Which do you like better, dogs or cats?**

J: Dogs. Because they are gentler and more faithful to their master than cats.

M: I prefer cats. Don't you think cats are the most beautiful of all animals?

J: Personally, I find dogs are as beautiful as cats.

M: **Tu préfères les chiens ou les chats?**

J: Les chiens. Parce qu'ils sont plus gentils et plus fidèles à leur maître que les chats.

M: Moi, je préfère les chats. Tu ne trouves pas que les chats sont les plus beaux de tous les animaux?

J: Moi personnellement, je trouve que les chiens sont aussi beaux que les chats.

語彙

|   | 比較 | 比較する | よりよい（よりよく） | 最もよい（最もよく） |
|---|---|---|---|---|
| 英 | comparison | to compare | better (better) | the best (best) |
| 仏 | comparaison f. | comparer | meilleur(e) (mieux) | le(la) meilleur(e) (le mieux) |

## 「どっちが好き？」

◎「犬と猫ではどっちが好き？」は Which do you prefer, dogs or cats? と言ってもいいです。犬が好きだったら I like dogs better than cats. か I prefer dogs to cats. 仏語で英語の which に当たる疑問代名詞は何ですか？

● ちょっとややこしくて，その選択の対象となる名詞の性・数によって形が変わるんです。lequel (*m.s.*), laquelle (*f.s.*), lesquels (*m.pl*), lesquelles (*f.pl.*) の四つの形がある。例えば「この二つのネクタイのどっちが好きか？」だったらネクタイ cravate は女性形だから，Laquelle de ces deux cravates préférez-vous? となります。préférer は英語の like better と同じように aimer mieux でもいいです。

◎「(犬)というもの」といういわゆる総称を表す時，仏語では定冠詞をつけ，英語では無冠詞であることは，すでに触れましたね。(→ p.31)

## 「猫よりやさしい」

◎ さて比較級の作り方ですが英語には二通りあるんですね。形容詞・副詞に -er をつける場合と，その前に more をつける場合。後者は3音節以上か，2音節でも -ful とか -ing で終わる語の時です。ここでも gentler と more faithful の二つの形がみられます。最近の傾向としては more〜 の形が好まれるようですが。

● 仏語は plus＋形容詞・副詞＋que。plus〜que を優等比較といい，そのほかに劣等比較の moins〜que, 同等比較の aussi〜que があります。

◎ 英語にも仏語の moins〜que にあたる less〜than という劣等比較がありますが，口語では not as (so)〜as の方をよく使います。「〜と同じくらい」は as〜as。「犬は猫と同じくらい美しい」は Dogs are as beautiful as cats. となるわけです。

● Les chiens sont aussi beaux que les chats. ですね。

## 「一番美しい」

◎「一番〜だ」という最上級表現も英語には二つあって the -est か the most〜 です。Mt. Fuji is the highest mountain in Japan.「富士山は日本で一番高い山だ」とか Cats are the most beautiful of all animals.「猫は動物の中で一番美しい」。

● 仏語は le (la, les) plus＋形容詞・副詞＋de。形容詞の時は定冠詞は性数に一致し，副詞の時は定冠詞はいつも le です。Mt. Fuji est la montagne la plus haute du Japon. Marie court le plus vite.「マリーは走るのが一番速い」。

---

### 文法と表現

■ 比較の表現

| | |
|---|---|
| 「〜ほど〜ではない」 | -He's not *as* (*so*) tall *as* you. |
| | → Il n'est pas *si* (*aussi*) grand *que* vous. |
| 「〜というよりむしろ」 | -He's polite *rather than* kind. |
| | → Il est *plutôt* poli *que* gentil. |
| 「〜すればするほどますます」 | -*The more* you have, *the more* you want. |
| | → *Plus* on a, *plus* on en veut. |

## 28. 受け身で語る

● 窃盗
■ 受動態の時制

■ マリオンが自分の部屋に帰るとドアの鍵があいています。

ジャック：変だな。ドアがひとりでに開いたよ。

マリオン：本当？　出かける時にちゃんと鍵はかけたけど。

ジャック：ほら！　床が足跡だらけだ。

マリオン：大変！　留守の間に泥棒に入られたんだわ！

J: It's strange. The door opened by itself.

M: Really? But I locked it when I left the room.

J: Look! The whole floor is covered with footprints.

M: Oh no! **My room was broken into during my absence.**

J: Tiens, c'est bizarre. La porte s'est ouverte toute seule.

M: C'est vrai? Pourtant je l'ai bien fermée à clef quand je suis sortie.

J: Regarde! Tout le plancher est couvert d'empreintes de pas.

M: Oh là là, **j'ai été cambriolée pendant mon absence.**

### 語彙

| | 鍵 | 鍵をかける | 押し入る | 警察を呼ぶ |
|---|---|---|---|---|
| 英 | key | to lock | to break into | to call the police |
| 仏 | clef *f.* | fermer à clef | cambrioler | appeler la police |

## 「ドアが開いた」

◎最初の「ドアが開いた」のところで，仏語は La porte s'est ouverte. となっているんですが La porte est ouverte. とどう違うんですか？
●s'est ouverte は s'ouvrir という代名動詞（の複合過去）です。ouvrir「開ける」という他動詞が代名動詞になって「開く」という自動詞になるんです。être ouverte は「開いている」という状態を表し，代名動詞 s'ouvrir は「開く」という動作を表すという違いがあるんです。

## 「床が足跡だらけ」

●「床が足跡だらけ」は英語も仏語もいわゆる受動態が同じように用いられていますね。仏語は Tout le plancher est couvert de...
◎ 英語は The whole floor is covered with...。英語は be＋過去分詞の後は普通 by〜ですが，動詞によっては with とか in, from, of など別の前置詞を使うことがあります。Bread is made from flour.「パンは小麦粉で作られる」, The chair is made of wood.「その椅子は木製です」などはよく引かれる例です。
●仏語も「〜によって」という動作主は普通は par〜ですが, aimer とか respecter とか couvrir のように，状態を表す動詞の時は de〜を使います。Il est aimé de tout le monde.「彼は皆に愛されている」。

◎また受動態で動作主を伴わない場合も多いんです。例えば French is spoken in Canada.「カナダではフランス語が話されている」のような，行為者が「一般の人々」である場合とか。
●仏語では，そういう場合は受動態にするより on をよく使います。On parle le français au Canada.

## 「泥棒に入られた」

●「泥棒に入られた」は仏語は J'ai été cambriolée. cambrioler「家に押し入る」という動詞を受け身の複合過去形にしています。
◎同じ意味の break into は受け身の時，人を主語にする事はできない。my room を主語にして, My room was broken into. となります。
●受動態の問題で一つ気をつけなければならないのは，仏語の場合，間接補語を主語にして受動態にはできないということです。
◎そうなんですか。英語で Paul sent her a letter.「ポールは彼女に手紙を送った」は A letter was sent to her by Paul. と She was sent a letter by Paul. の二通りの受動態ができます。ただ，後者は実際に用いるのは不自然な文章ですが。
●仏語は後者，つまり（×）Elle a été envoyée une lettre par Paul. は言えないんです。

---

### 文法と表現

■ 受動態の時制

- 現在形　　-The cup is broken.　　　　　-La tasse est cassée.
- 現在完了形　-The cup has been broken.　-La tasse a été cassée.（複合過去）
- 過去形　　-The cup was broken.　　　　-La tasse était cassée.（半過去）
- 未来形　　-The cup will be broken.　　-La tasse sera cassée.

## 29. 報告する I

● 電話
■ 話法の転換

■ ジャックがマリオンのところに電話しましたが，出たのは洋子です。

ジャック：もしもし，洋子？　マリオンと話したいんだけど。
洋子　　：彼女，今シャワーを浴びてるの。
ジャック：じゃあ，伝えてくれないかな。
洋子　　：いいわよ。何て？
ジャック：あした急に仕事が入って**会えなくなったって。**

J: Hello! Yoko? Can I talk to Marion, please?

Y: She's taking a shower now.

J: Well, can you give her a message?

Y: Sure. What do you need me to tell her?

J: **Tell her I can't meet her tomorrow** because I have some urgent work to finish.

J: Allô! Yoko? Bonjour! Pourrais-je parler à Marion, s'il te plaît?

Y: Ah, elle est en train de prendre sa douche.

J: Alors, peux-tu lui transmettre un message?

Y: Bien sûr. Qu'est-ce que je dois lui dire?

J: **Dis-lui que je ne pourrai pas la voir demain** parce que j'ai un travail urgent à finir.

### 語彙

| | ダイアルする | 電話に出る | 電話番号を間違える |
|---|---|---|---|
| 英 | to dial | to answer the phone | to get the wrong number |
| 仏 | composer le numéro | répondre au téléphone | se tromper de numéro |

## 電話をかける

● 外国語で電話するのは難しいものです。電話でよく使う表現を覚えておくと便利です。例えば「もしもし」は仏語は Allô？
◎ 英語は Hello？
●「～さんのお宅ですか？」は Je suis bien chez Monsieur (Madame)～？
◎ 英語はそういう言い方はせず，Is that Mr～？「～さんとお話したいんですが」は会話文にもあるように Can I speak to～, please？あるいは I'd like to speak to～.
● 仏語も両方言えます。Puis-je parler à～, s'il vous plaît？あるいは Je voudrais parler à～, s'il vous plaît.
◎「どちら様ですか？」は Who's speaking？
● 仏語は Qui est à l'appareil？とか C'est de la part de qui？
◎「お待ちください」とか，「彼と代わります」なんてのもよく使いますね。英語だと Hold on. あるいは I'll call (get) him.
● 仏語だと Ne quittez pas. Je vais l'appeler. あるいは Je vous le passe.

## 「シャワーを浴びている」

◎「シャワーを浴びている」は，英語ではもちろん現在進行形を使います。だから She's taking a shower. 一方仏語には進行形はない。
● そう。現在形が進行中の動作も表す。でも動作が進行中であることを強調したい時にはここでのように être en train de～ という熟語を使います。Je suis en train de prendre ma douche.

## 人に伝える

● さて会話文ではジャックが洋子に伝言を頼んでいるんですね。「彼女に～と伝えてください」Dis-lui que～. この時接続詞の que は絶対省略できません。
◎ 英語は Tell her that～ ですが that は省略してもいいです。
● 電話の言い方でつけ加えると「伝言をお願いしていいですか？」Puis-je laisser un message？「またかけ直します」Je rappellerai. なども覚えておくといいと思います。
◎ 英語だと前者は Can I leave a message？後者は I'll call back later. ですね。
● さて人に伝える時「彼は...と私に言っている」のようにいわゆる間接話法を使うわけですね。その英語と仏語の用法を下で比べてみましょう。

## 文法と表現

■ 話法の転換

- "I'll call you later."
→He says that he'll call me later.
- "Are you tired?"
→He asks me if I'm tired.
- "Where were you born?"
→He asks me where I was born.
- "Leave me a message."
→He asks me to leave him a message.

- "Je t'appellerai plus tard."
→Il dit qu'il m'appellera plus tard.
- "Etes-vous fatigué?"
→Il me demande si je suis fatigué.
- "Où es-tu né?"
→Il me demande où je suis né.
- "Laissez-moi un message."
→Il me demande de lui laisser un message.

## 30. 報告する II

● パーティ
■ 時制の一致

■ パーティから帰ってきた洋子が、マリオンにその様子を報告しています。

洋子　　：マリオン、聞いて。パーティでとっても素敵な人に会ったの。

マリオン：本当？　それでどんなことを話したの？

洋子　　：日本のこととか家族のこと。それからパリで何をしてるかって**聞かれたわ**。

マリオン：住所はどこかとか、独り暮らしかどうかも知りたがってた？

Y: You know, Marion, I met a really nice guy at the party.

M: Really? And what did you talk about?

Y: I talked about Japan and my family. Then **he asked me what I was doing in Paris**.

M: And he also wanted to know where you lived and whether you lived alone?

Y: Tu sais, Marion, j'ai rencontré un garçon très sympathique à la soirée.

M: C'est vrai ? Et de quoi avez-vous parlé ?

Y: On a parlé du Japon et de ma famille. Et puis **il m'a demandé ce que je faisais à Paris**.

M: Et il a voulu savoir aussi où tu habitais et si tu vivais seule ?

### 語彙

| | 集会 | 宴会 | 夜会 | 誕生パーティ |
|---|---|---|---|---|
| 英 | meeting | reception | evening party | birthday party |
| 仏 | réunion *f.* | réception *f.* | soirée *f.* | soirée d'anniversaire *f.* |

## 「素敵な人」

◎「素敵な人」，ここでは若い男性のことを言っていると思うんですが，仏語は garçon でいいんですか？ garçon というのは「男の子」のことだと思っていたんですが。
●garçon は「少年」の意味では petit garçon というのが普通。garçon というと30歳ぐらいまでの特に独身の若い男を指して言います。jeune homme のくだけた言い方です。もっとくだけると mec とか gars とか type なんて語もありますが。
◎英語の guy は man のくだけた言い方ですが，わりと普通に使うようです。

## 「どんなことを話したの？」

◎「どんなことを話したの？」の文で前置詞の位置が英語と仏語で違いますね。英語は What did you talk about? 疑問詞と前置詞を切り離す傾向がある。「誰と一緒に行きたいの？」という時も With whom do you want to go? というよりも Who do you want to go with? という言い方を好むようです。
●仏語はそういう時，前置詞を後ろにもってくることはありません。De quoi avez-vous parlé? だし，Avec qui veux-tu aller? です。
◎「日本や家族のことを話した」というとき，「～について」という仏語の前置詞 de は繰り返さなくてはいけないんですか？
●ええ。On a parlé du Japon et de la famille. 前置詞の中で de は特別で，二度目に出てくるときも繰り返さなくてはならない。à もそうです。例えば Il ressemble à son père et à son grand-père.「彼は父親と祖父に似ている」。

## 時制の一致

●「パリで何をしているかって聞かれた」Il m'a demandé ce que je faisais à Paris. は "Qu'est-ce que vous faites à Paris?" の間接話法の文です。
◎同じように He asked me what I was doing in Paris. は "What are you doing in Paris?" の間接話法。共に時制の一致が行われていますね。主節が過去だから，従属節は過去形になる。
●仏語は半過去になる。この問題は下で整理してみましょう。

## 文法と表現

### ■ 時制の一致　直接話法と間接話法

- He said to me, "I am in Rex Hotel."
- →He told me that he was in Rex Hotel.（現在→過去形）
- He said to me, "I met Paul."
- →He told me that he had met Paul.（過去→過去完了）
- He said to me, "I'll call him back."
- →He told me that he would call him back.（未来→will の過去形）

- Il m'a dit: "Je suis à l'hôtel Rex."
- →Il m'a dit qu'il était à l'hôtel Rex.（現在→半過去）
- Il m'a dit: "J'ai rencontré Paul."
- →Il m'a dit qu'il avait rencontré Paul.（複合過去→大過去）
- Il m'a dit: "Je le rappellerai."
- →Il m'a dit qu'il le rappellerait.（単純未来→条件法現在）

## まとめ3
### ■ 動詞の法と時制について
1. **直説法・現在時制**
   - 英語は現在進行中の動作を現在進行形で表すが，仏語は進行形がなく現在形で表す。
   -What are you talking about?/De quoi parlez-vous? (何について話していますか)

2. **直説法・未来時制**
   - 英語は助動詞 will (shall)＋動詞の原形を用い，仏語は単純未来形を用いる。
   -I will be a teacher in two years./Je serai professeur dans deux ans.
     （私は2年後には教師になります）
   - 近い未来を表すときは英語は be going to～があり，仏語は aller＋不定詞を用いる。
   -I am going to travel in France in July./Je vais voyager en France en juillet.
     （私は7月にフランスに旅行に行くつもりです）
   - 近い未来はまた英語では現在進行形で，仏語では現在形で表現できる。
   -What are you doing tomorrow?/Qu'est-ce que vous faites demain?
     （明日あなたは何をしますか）
   - 未来のある時点までに完了している事実を述べるには，英語は未来完了（will have＋過去分詞）を用い，仏語は前未来（助動詞の単純未来＋過去分詞）を用いる。
   -He will already have left by noon./Il sera déjà parti avant midi.
     （彼は正午までには，すでに出発しているだろう）

3. **直説法・過去時制**
   - 過去に行われた行為（動作）は英語では過去形，仏語は複合過去(助動詞＋過去分詞)で表す。
   -They arrived yesterday./Ils sont arrivés hier. （彼らは昨日到着した）
   - 過去において進行中の動作は，英語は過去進行形で，仏語は半過去で表す。
   -At ten o'clock I was speaking to Paul on the phone./A dix heures, je téléphonais à Paul. (10時に私はポールに電話していた)
   - 過去の状態は，英語は過去形で，仏語は半過去で表す。
   -Three years ago, I was a student./Il y a trois ans, j'étais étudiant.
     （3年前，私は学生だった）
   ただし動作や状態の期間が明示されていれば仏語は複合過去を用いる。
   -She was ill for a week./Elle a été malade pendant une semaine.
     （1週間彼女は病気だった）
   - 現在までに完了している行為や経験は，英語では現在完了形で，仏語は複合過去で表す。
   -The last bus has already left./Le dernier bus est déjà parti.
     （最終バスはすでに出発してしまった──完了・結果）

-I have been to Paris once./J'ai été une fois à Paris.
　（パリに行ったことがある――経験）
・現在までの状態の継続は英語は現在完了形，仏語は現在形で表す。
-I've lived here since I was born./J'habite ici depuis que je suis né.
　（私は生まれてからずっとここに住んでいる）
・近い過去は英語は現在完了形で，仏語は近接過去（venir de＋不定詞）で表す。
-I've just read your letter./Je viens de lire votre lettre.
　（私はあなたの手紙を読んだところです）
・過去の習慣は，英語では過去形，特に used to（would）＋原形，仏語は半過去で表す。
-In summer I often used to go to my grandfather's./L'été, j'allais souvent chez mon grand-père.（夏はよく祖父の家に行ったものだった）
・過去のある時点に，すでに完了している事実を表すには，英語は過去完了(had＋過去分詞)，仏語は大過去（助動詞の半過去＋過去分詞）を用いる。
-When I arrived at the station, the train had already left./Quand je suis arrivé, le train était déjà parti.（駅に着いた時，汽車はすでに出発していた）
・仏語には書き言葉でのみ用いる，単純過去がある。
-Henry IV died in 1610./Henri IV mourut en 1610.（アンリ四世は1610年に死んだ）

### 4．仮定法（仏語は条件法）の時制
・「もし～なら，～であろうに」という現在の事実に反する仮定を表す場合，英語は仮定法過去（if＋主語＋過去形，主語＋would（should, could, might）＋原形），仏語は条件法現在（si＋主語＋半過去，主語＋条件法現在）を用いる。
-If I had enough money, I would go to Italy.
/Si j'avais assez d'argent, j'irais en Italie.
　（もし私が十分お金をもっていたら，イタリアに行くのだが）
・「もし～だったら，～であっただろうに」という過去の事実に反する仮定を表す場合，英語は仮定法過去完了（if＋主語＋過去完了，主語＋would（could...）＋現在完了），仏語は条件法過去（si＋主語＋大過去，主語＋条件法過去）を用いる。
-If I had been kinder, she wouldn't have left me.
/Si j'avais été plus gentil, elle ne m'aurait pas quitté.
　（もし私がもっとやさしかったら，彼女は私のもとを去らなかっただろうに）

### 5．接続法の時制
・英語とは異なり，仏語には接続法がある。接続法には現在形と過去形がある。（半過去は口語ではほとんど用いられない）
・接続法現在　　-Je suis content que tu ailles en France.（I'm happy that you are going to France.）（あなたがフランスに行くので私はうれしい）
・接続法過去　　-Je ne crois pas qu'il m'ait vu.（I don't believe he saw me.）
　　　　　　　　（彼が私を見かけたとは思わない）

# IV章　相手との交渉に関する表現

[CD 31]

## 31. 依頼する

● 郵便局
■ 依頼の表現

■ 洋子が郵便局で小包を送ろうとしています。

洋子　　：この小包を航空便で日本へ送りたいんですが。
郵便局員：はい，ではこのカードに記入してください。
洋子　　：それから1ユーロ切手を5枚と，航空書簡を5枚ください。
郵便局員：はい，全部で8.75ユーロになります。

Y: **I'd like to send this parcel to Japan by airmail.**
P: OK, please fill out this form.
Y: And could I have five 1 euro stamps and five aerogrammes?
P: Sure. That's 8.75 euros altogether.
(P=postal worker)

Y: **Je voudrais envoyer ce paquet au Japon par avion.**
P: Oui. Remplissez cette fiche, s'il vous plaît.
Y: Et puis, pourrais-je avoir cinq timbres à un euro et cinq aérogrammes, s'il vous plaît?
P: Oui. Ça fait 8,75 euros en tout.
(P=postier)

### 語彙

|   | 郵便局 | ポスト | 郵便物 | 郵便配達人 |
|---|---|---|---|---|
| 英 | post office | mailbox | mail | mailman |
| 仏 | bureau de poste *m.* | boîte aux lettres *f.* | courrier *m.* | facteur *m.* |

## 「送りたいんですが」

●さてここでは依頼がテーマです。人にものを頼むからにはそれなりに丁寧な表現を知っておく必要があります。仏語でよく使われるのは条件法の用法で、「もしよろしかったら」という気持ちをこめることによって丁寧な表現になります。だから人に頼んで、「～を送りたいんですが」と言う時は Je voudrais envoyer～ と vouloir の条件法現在を用いるのが普通です。
◎英語も同じ。I want ではなく、I would like～ を使う。would は will の過去形で元来は仮定法の用法です。
●依頼はもちろん疑問形にしてもいいわけで、Voulez-vous～？ や Pouvez-vous～？ で「～していただけませんか」の意味になります。もちろんここでも Voudriez-vous～や Pourriez-vous～？ といった条件法を使えばさらに丁寧な依頼になります。
◎英語だと Would you (mind)～？ や Could you～？ですね。それからいきなり用件を切り出すのではなくて、まず「お願いしたいことがあるんですが」なんて言う場合がありますね。そんな時は Would you do me a favor？ とか May I ask you a favor？ とか。
●なるほど。仏語だとそんな時は service を使って Pouvez-vous me rendre un service？とか Je voudrais vous demander un petit service？なんてよく言います。

## 「～してください」

◎丁寧なお願いをするとき、命令形に please を付けた形でもいいです。please を忘れると無礼な感じがするので気をつけてください。この「カードに記入してください」は Fill out this form, please.
● please に当たるのは仏語だと s'il vous plaît ですね。頼むときは何でもこの一言で足りてしまいます。あるいは Pardon や Excusez-moi を文頭にもってきて依頼をやわらげる手もあります。「すみませんが、窓を開けていただけませんか？」Pardon Monsieur, pourriez-vous ouvrir la fenêtre, s'il vous plaît？ と言えばとても丁寧な依頼になります。
◎英語ももちろん Excuse me をつければより丁寧です。Excuse me, sir, could you open the window, please？

### 郵便局で

◎郵便局で使われそうな表現をあげてみましょうか。「カナダ宛の手紙はいくらかかりますか？」英語は How much is it for a letter to Canada？
●仏語だと Combien faut-il mettre sur une lettre pour le Canada？ あるいは affranchir「切手を貼る」という動詞を使って A combien faut-il affranchir une lettre pour le Canada？

---

### 文法と表現

■ 依頼の表現

-I wonder if you could possibly...
-I'd appreciate it if you could...

-Auriez-vous la gentillesse de..?
-Vous seriez gentil de...

## 32. 命令する

● カフェ
■ 命令形

■ジャックがカフェでタバコを吸おうとしています。

ウエイトレス：すみませんが，ここではタバコは吸えないんです。
ジャック　　：あっ，そうなんですか。じゃあどうすればいいんでしょう。
ウエイトレス：向こうの席にお移りください。あそこならかまいません。
ジャック　　：わかりました。そうします。

W: I'm sorry, sir. Smoking is not allowed here.
J: Oh, yeah? What should I do then?
W: **Go to the other side**. You can smoke over there.
J: OK. I will.
(W = waitress)

S: Désolée, Monsieur. Il est interdit de fumer ici.
J: Ah bon? Qu'est-ce que je dois faire alors?
S: **Passez de l'autre côté de la salle**. Là, vous pourrez fumer.
J: Bon, d'accord. J'y vais.
(S = serveuse)

### 語彙

|   | カフェ | ボーイ | カウンター | チップ | レジ係 |
|---|---|---|---|---|---|
| 英 | café | waiter | counter | tip | cashier |
| 仏 | café *m.* | garçon *m.* | comptoir *m.* | pourboire *m.* | caissier *n.* |

## 「タバコは吸えない」

● アメリカではもうだいぶ前から公共の場では禁煙だと聞いていますが、フランスでも1992年の秋から公共の場では原則として禁煙になりました。なにしろ個人主義の国ですからなかなか難しい面もあるようで、例えばレストランやカフェでは、喫煙席と禁煙席を分けるなどしてなんとか実施しているようです。さて「～は禁止されている」という言い方ですが、非人称構文を使って Il est interdit de～ という表現が可能です。
◎ 英語では「禁止する」という言い方はいろいろあるんですが、ここは allow「許す」を否定文にして Smoking is not allowed. とか You are not allowed to smoke. あたりが適当。
● 「禁止する」という単語で、forbid とか prohibit は使えないんですか？
◎ forbid は個人が禁止するんですね。それに対して prohibit は法・団体が禁止することだから、Smoking is prohibited. だったら言えると思います。
● 仏語ではよく標識などで「立ち入り禁止」Entrée interdite、「進入禁止」Sens interdit などにも interdire が使われます。
◎ 「立ち入り禁止」は英語だったら No entry とか Do not enter でしょうね。

## 「どうすればいいんですか」

◎ 「どうすればいいんですか」What should I do? の should は、ここでは「～すべきである」という「義務」を表します。must や ought to より意味が弱い。
● 仏語では devoir。Qu'est-ce que je dois faire? この devoir には「たぶん…のはずだ」という推測を表す意味もあって Tu dois avoir faim. 「君はお腹がすいているにちがいない」のようにも言えます。
◎ 面白いですね。should も全く同じ。You should be hungry. やはり推量を表すことができます。

## 「お移りください」

◎ 「向こうの席にお移りください」は Go to the other side. 命令文ですね。英語の命令文は動詞の原形を使います。Be quick!「急げ」とか。
● 仏語は一つの動詞について、tu に対する命令（～せよ）、vous に対する命令（～しなさい）、nous に対する命令（～しましょう）の三つの形があります。下で整理しましょう。それから仏語では単純未来形を使って軽い命令を表すことができます。Tu m'appelleras demain. 「明日電話してよ」とか。
◎ 英語も will を使って命令を表せますが、押しつけがましい調子になります。You will do as I tell you. 「言いつけどおりにするんですよ」みたいに。

---

### 文法と表現

■ 命令形

| | | |
|---|---|---|
| ・速く歩け | -Walk quickly. | -Marche vite. |
| ・速く歩かないようにしなさい | -Don't walk quickly. | -Ne marchez pas vite. |
| ・速く歩きましょう | -Let's walk quickly. | -Marchons vite. |

## 33. 忠告する

● 地下鉄
■ 忠告の表現

■ 洋子が地下鉄の切符売り場でカルト・オランジュ（一か月の定期券）を買おうとしています。

洋子　：カルト・オランジュをください。
出札係：今日は26日ですから，**週間定期券を買うことをおすすめしますが。**
洋子　：どうしてですか？
出札係：カルト・オランジュは，月末までしか使えないんですよ。

Y: I'd like a carte orange, please.

T: Today is the 26 th. **So, I advise you to buy a coupon semaine.**

Y: Why?

T: Because a carte orange is only valid to the last of the month.

(T = ticket window)

Y: Je voudrais une carte orange, s'il vous plaît.

G: Comme on est le 26 aujourd'hui, **je vous conseille plutôt d'acheter un coupon semaine.**

Y: Pourquoi?

G: Parce que la carte orange n'est valable que jusqu'à la fin du mois.

(G = guichet)

### 語彙

|   | 地下鉄 | （地下鉄の）駅 | 切符売り場 | 乗り換え |
|---|---|---|---|---|
| 英 | subway | station | ticket window | connection |
| 仏 | métro *m.* | station *f.* | guichet *m.* | correspondance *f.* |

## 「〜をください」

● Je voudrais〜という依頼の表現はすでに触れましたが，Je voudrais の後は動詞の不定形だけでなく，ここの場合のように名詞がくることもあります。
◎それは英語の I'd like も同じ。I'd like a carte orange. と言えます。単に A carte orange, please. でももちろんいいです。
● Une carte orange, s'il vous plaît. ですね。さて地下鉄の切符（これは市バスの切符と共通券ですが）を1枚買うんだったら Un ticket, s'il vous plaît. 10枚綴りの回数券もあって un carnet といいます。そのほかに1週間有効の carte jaune や何日間か乗り放題の Paris sésame などがあり，観光には便利です。

## 忠告する

●さて忠告する言い方ですが，conseiller という動詞を使って je vous conseille de〜 という言い方がまずできます。
◎英語の I advise you to＋不定詞ですね。
●あるいは「〜した方がいい」。非人称構文にして Il vaut (vaudrait) mieux〜という言い方があります。「家にいた方がいい」は Il vaut mieux rester à la maison.
◎ It would be better to stay home. に似ていますね。
● Vous feriez mieux de〜という言い方も「〜した方がいい」の意味です。
◎英語でそれによく似た形の You had better〜は，相手に向かって言うと脅迫や命令の意味になるので使わないほうが無難です。
●それから n'avoir qu'à〜「〜しさえすればよい」という表現も忠告する言い方の一つです。Vous n'avez qu'à me téléphoner. 「あなたは私に電話してくれさえすればよい」。
◎ You only have to call me. ですか。
●「もし私があなただったら，それを買うんだが」なんて言い方も一種の忠告になりますね。Si j'étais toi (A ta place), je l'achèterais. という条件法の文章。
◎ If I were you (In your place), I would buy it. 同じような構文が使えますね。あと Why don't you〜? とか Why not〜? なども，助言・忠告としてよく使われる。Why not agree? 「賛成したら？」とか。
● Pourquoi ne pas accepter? ですね。
◎「してはいけない」という忠告だったら You shouldn't do that. とか，もっと直接的に Don't do that.
● Il ne faut pas faire cela.

## パリの地下鉄（メトロ）

●パリの地下鉄の開通は1900年。1863年のロンドンの地下鉄についで世界で2番目です。ちなみにニューヨークは1904年，東京は1927年。パリの地下鉄の駅は300以上あり，5分も歩けば駅にぶつかります。あと RER とよばれる高速郊外鉄道があって現在5路線が運行しています。メトロは便利ですが，スリの被害にもあいやすいので注意が必要です。

---

### 文法と表現

■ 忠告の表現

-I will advise him to come back.  -Je lui conseille de revenir.
-She advised me not to leave.  -Elle m'a conseillé de ne pas partir.

## 34. 勧める

● レストラン
■ 勧める(薦める)時の表現

■ ジャックとマリオンがメニューを見ながら注文する料理を相談しています。

ジャック：メイン・ディッシュは何にする？
マリオン：あなたはもう決めたの？
ジャック：うん。ビフテキとフライドポテト。
　　　　　君は？
マリオン：わからないわ。何か勧めてくれない？
ジャック：じゃあ，**小羊のフィレにしたら？**
　　　　　ここのはとてもおいしいそうだよ。

J : What'll you have for the main dish?
M: Have you decided?
J : Yes, I'll have a steak and fries. And you?
M: I don't know. Do you have any suggestions?
J : **How about ordering a fillet of lamb?** They say it's very good here.

J : Qu'est-ce que tu prends comme plat principal?
M: Tu as déjà choisi?
J : Oui, je vais prendre un steak-frites. Et toi?
M: Je ne sais pas. Tu as quelque chose à me proposer?
J : **Si tu commandais un filet d'agneau?** On dit qu'ils sont très bons ici.

### 語彙

| | 食事 | 一皿の料理 | 注文する | 勘定を払う | ステーキの焼き方 |
|---|---|---|---|---|---|
| 英 | meal | dish | to order | to pay | rare / medium /well done |
| 仏 | repas *m.* | plat *m.* | commander | régler | saignant /à point /bien cuit |

## 「何にする？」

◎「何にする？」は英語では have を使うのが普通です。仏語の prendre にあたる take にも「食べる」「飲む」の意味はあり、「薬を飲む」には take を使います。でも「夕食をとる」のような場合は take ではなく have を使います。He's just having dinner.「彼は夕食の最中だ」。
● Il est en train de prendre le dîner. 仏語は prendre でいいです。「朝食はコーヒーとクロワッサン」だったら、Pour le petit déjeuner, je prends du café et des croissants. とか。
◎ I have coffee and croissants for breakfast. ですね。なお英語では、breakfast, lunch, dinner は無冠詞です。

## 「何か勧めてくれない？」

●「勧める」は conseiller, recommander, suggérer などいろいろな単語が考えられますが、少しずつニュアンスが違います。conseiller は「忠告する」, recommander は「一番いいと薦める」, suggérer は「控えめに提案する」。ここでは「とりあえず何かいいものがあったら教えて」ぐらいの意味でしょうから Tu as quelque chose à me proposer? とか suggérer あたりでいいと思います。
◎英語の advise, recommend, suggest も仏語と同じようなニュアンスです。suggest の名詞形を使って Do you have any suggestions? と言ってもいい。

●「～にしたら？」の si＋半過去？は勧めたり、提案したりする時によく使う言い回しです。
◎英語の How about～? もよく使います。about の後はすぐ名詞がきてもいいです。How about another piece of cake?「ケーキをもう一ついかが？」とか。

## レストランで

●さてレストランで使いそうな表現を挙げましょうか。「5人の席ありますか？」Avez-vous une table pour cinq?
◎ Do you have a table for five?
●ボーイを呼ぶとき Garçon! などというのは失礼です。Monsieur! とか S'il vous plaît!
◎英語も Excuse me! ぐらいがいい。
●「メニューお願いします」は Puis-je avoir la carte? 仏語で menu というと「定食」のことで、メニューは carte と言います。
◎英語は menu。Could I have the menu, please?
●勘定は L'addition, s'il vous plaît.
◎ The check, please.
●フランスのレストランでの食事は、とにかく時間がかかります。オードブル、肉か魚のメイン料理、その後チーズ、デザート、そしてコーヒーと、フルコースでとると2時間はたっぷりかかります。そんなスタイルが、さすがのフランスでも負担になってきたとみえて、特に昼食などは1、2品とるだけで、食事を簡単にすませる人が増えているようです。

---

### 文法と表現

■ 勧める（薦める）時の表現
- I recommend you this dictionary.
- She suggested my going to France.
- Je vous recommande ce dictionnaire.
- Elle m'a suggéré d'aller en France.

## 35. 提案する

● 観光案内所
■ 提案する言い方

■ 洋子が観光案内所で旅行の問い合わせをしています。

洋子　：パリの近郊で，どこかいい見所を教えてください。

案内所：ジヴェルニーはどうでしょう？　今は蓮の花が咲いてとてもきれいですよ。

洋子　：よさそうですね。どうやったら行けますか？

案内所：一番いいのは，観光バスに乗ることですね。

Y: Could you suggest some places to visit near Paris?

T: **How about Giverny?** The nenuphars are in full bloom now and it's very beautiful.

Y: Oh! That sounds good. How can I get there?

T: The best way would be to take a sightseeing bus.

(T =tourist office)

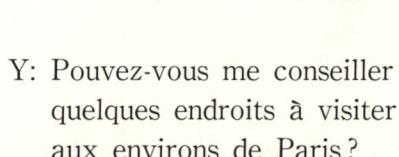

Y: Pouvez-vous me conseiller quelques endroits à visiter aux environs de Paris?

O: **Si vous alliez visiter Giverny?** Les nénuphars sont en fleur en ce moment et c'est très beau.

Y: Oh! Ça me tente. Comment dois-je faire pour y aller?

O: Le meilleur moyen serait de prendre un autocar de tourisme.

(O =office du tourisme)

### 語彙

| | 観光 | 観光旅行をする | 旅行代理店 | パンフレット |
|---|---|---|---|---|
| 英 | tourism | to go sightseeing | travel agency | brochure |
| 仏 | tourisme *m.* | faire du tourisme | agence de voyage *f.* | dépliant *m.* |

### 「教えてください」

◎「どこかいい所を教えてください」では、前の課でみた「勧める」言い方が使えますね。Could you suggest...? advise でもいいんですが suggest の方が advise より控えめな勧めになります。
● 仏語の conseiller もここでは「勧める」の意味です。quelques endroits à visiter の à は「〜すべき」とか「〜するための」を表します。Donnez-moi quelque chose à manger. と言えば「何か食べる物をください」。
◎ 英語の to 不定詞の形容詞的用法と同じですね。Give me something to eat.
● aux environs de〜は「〜の近くに」。時の表現にもなって aux environs de 1900 と言えば「1900年頃」の意味です。

### 「〜はどうでしょう？」

●「ジヴェルニーはどうでしょう？」は Si vous alliez visiter Giverny? 前の課でみたように si＋半過去は提案や勧誘を表します。「提案する」proposer という動詞を使って Je vous propose d'aller visiter Giverny. と言い換えられます。あるいは節にして Je propose que vous alliez visiter Giverny. としてもいい。que の後は接続法になることに注意。
◎ 英語ももちろん propose が使えます。I propose that you go to see Giverny. ところで英語の propose には「プロポーズする、結婚を申し込む」という意味もあるんですが仏語にもあるんですか？
● いえ, proposer にはその意味はないですね。「彼女に結婚を申し込んだ」は, 仏語では Je lui ai demandé de m'épouser. のように言うでしょうね。
◎ あと「提案する」言い方で、英語には What do you say...? という表現もあります。「一緒にヴァカンスをどう？」は What do you say to coming on holiday with us?
● なるほど。Que dirais-tu de partir en vacances avec nous? という言い方ですね。Ça te dirait de partir...? とも言えます。確かにこれも提案する言い方ですね。

### 「よさそうですね」

◎ sound は「〜のように思われる」。seem や appear と同じように使えます。「それは面白そうだ」は That sounds interesting to me.
● 仏語の sembler とか paraître ですね。Il me semble intéressant. ここの That sounds good! は Bonne idée! ぐらいの意味でしょうか。あるいは tenter「気をそそる」という動詞を用いて Ça me tente. なんて言えると思います。
◎ 最後の「一番いいのは...」のところで The best way *would be*...としたのは仮定法の断定緩和の用法です。
● 仏語の Le meilleur moyen *serait*...も同じ。条件法で断定の緩和。ところでジヴェルニーってご存知ですか？ ノルマンディへ行く途中にある小さな町です。モネの睡蓮の絵の舞台として有名なところです。

---

### 文法と表現

■ 提案する言い方

-Don't you want to go to the movies? -Tu ne veux pas aller au cinéma?
-Why don't you go to the doctor? -Pourquoi n'allez-vous pas voir le médecin?
-I'd like to swim. And you? -J'aimerais bien nager, et toi?

## 36. 承諾する

● ホテル
■ 前置詞 à

■ ジャックがフロントで宿泊の交渉をしています。

ジャック：風呂付きのシングル・ルームを2泊，お願いしたいのですが。
フロント：朝食付きで100ユーロの部屋はいかがですか？
ジャック：ちょっと高すぎますね。もう少し安いのはありませんか？
フロント：シャワー付きの部屋でしたら80ユーロの部屋がご用意できます。
ジャック：それで結構です。

J: I'd like a single room with a bath for two nights, please.

F: We can offer you a room for 100 euros with breakfast.

J: It's too expensive for me. Don't you have a cheaper one?

F: We also have a room with a shower for 80 euros.

J: **OK, I'll take it.**

(F = front desk clerk)

J: Je voudrais une chambre avec salle de bains pour deux nuits, s'il vous plaît.

R: Nous pouvons vous proposer une chambre à 100 euros avec le petit déjeuner.

J: Oh! C'est trop cher pour moi. Vous n'en avez pas de moins chère?

R: Nous en avons aussi une à 80 euros avec douche.

J: **D'accord. Je la prends.**

(R = réception)

### 語彙

| | ホテル | ～を予約する | 空室なし | ロビー | 勘定 |
|---|---|---|---|---|---|
| 英 | hotel | to reserve | no vacancies | lobby | check (bill) |
| 仏 | hôtel *m.* | réserver | complet | hall *m.* | note *f.* |

## ホテルの部屋

●フランスのホテルの部屋はシングル une chambre à un lit かツイン à deux lits かで料金が異なるのはもちろんですが，シャワー付き avec douche か浴室付き avec salle de bains かでも違います。もちろんシャワー付きの方が安い。何も付いていない部屋であればさらに安い。またホテルは一つ星から四つ星までランク付けされていてその星の数をみればほぼ料金がわかり，我々旅行者には便利です。ホテルは予約なしで行っても空いていれば問題なく泊めてくれます。フロント réception で Pardon, Monsieur (Madame), je voudrais...と言って部屋の種類を指定すればいい。あと何泊するか pour～nuit(s) もつけ加えて。
◎英語もシングル single room, ツイン twin room。ただアメリカではシングルもツインも料金はそう変わらないようです。もちろん with a shower か with a bath か，確かめたほうがいい。May I see the room? と言って部屋をみせてもらってから決めるのがいいと思います。

## 「もう少し安いのはありませんか？」

●まず宿泊料金を尋ねるときは Quels sont vos tarifs? とか Combien est-ce la nuit?
◎ What is the price? とか How much for a night? ですね。
●値段は à～で言います。100ユーロの部屋は une chambre à 100 euros.
◎英語は for を使って a room for 100 euros。
●「もう少し安いのはありませんか？」は Vous n'en avez pas de moins chère? この en は中性代名詞で chambre を指しているんですが，en に形容詞を付ける時は de を先立てる。だから...de moins chère となるんです。それから前にも述べたように仏語には英語の cheap「安い」にあたる単語はありません。pas cher か bon marché を使います。ときどきこのように対語がないケースがある。profond「深い」に対する「浅い」，frileux「寒がりの」に対する「暑がりの」などもそうです。

## 「それで結構です」

◎承諾する時の言い方ですが，英語はもちろんまず OK があります。
●仏語だと D'accord. ですね。あと Pourquoi pas? とか Oui, je veux bien.
◎ Why not? とか I'd like to. ですね。
●招待を受けて承諾するような時は「喜んで」 Avec plaisir! あるいは Volontiers! をよく使います。くだけた言い方だと C'est sympa! とか Chouette!
◎英語だと「喜んで」は With pleasure. あるいは Gladly.
●気がすすまない承諾もありますね。そんな時は Oui, peut-être. なんて言えばいい。
◎忘れていましたが All right! もよく使われる承諾の表現ですね。

### 文法と表現

■ 前置詞 à
- à la maison (*at* home)
- une chambre à 100 euros (a room *for* 100 euros)
- un ami à moi (a friend *of* mine)
- au Japon (*in* Japan)
- aller à la gare (go *to* the station)
- à la télévision (*on* television)

## 37. 断る

● デパート
■ aller の表現

■ 洋子がデパートで上着を探しています。

洋子　：この上着は大きすぎるわ。ワン・サイズ小さいのありますか？

売り子：すみません，今おいてないんですが。でも他の色で同じ型のならあります。グリーンならそのスカートによく合いますよ。

洋子　：ええ，でもちょっと派手だわ。**結構です**。

Y : This jacket is too large for me. Do you have one a size smaller?

S : I'm sorry, we don't have any others, but we have other colors in this style. This green would go well with your skirt.

M: Yes, but I think it's too flashy. **Well, thank you anyway**.

(S =sales person)

Y : Cette jaquette est trop grande pour moi. Avez-vous la taille au-dessous?

V: Non, je regrette. Mais nous avons le même modèle dans d'autres couleurs. Ce vert irait très bien avec votre jupe.

Y: Oui, mais je le trouve trop voyant. **Bon, tant pis. Je vous remercie**.

(V =vendeuse)

### 語彙

| | デパート | 買い物をする | 衣服 | バーゲン |
|---|---|---|---|---|
| 英 | department store | to go shopping | clothes | sales |
| 仏 | grand magasin *m.* | faire des courses | vêtements *m.pl.* | soldes *m.pl.* |

### 「この上着は大きい」

●「この上着は大きすぎる」というところで，英語は large を使っていますね。仏語にも large という語があるんですが，これは主に「幅が広い」の意味で用います。そして衣服に用いると「ゆるい」の意味になる。Ce pantalon est trop large.「このズボンはだぶだぶだ」。
◎ここでは grand を使っていますね。
● grand は英語の big や large にあたるんですが, tall の意味もある。Il est grand. と言えば「彼は背が高い」の意味です。

### 「ワン・サイズ小さいの」

◎「ワン・サイズ小さいのありますか？」Do you have one a size smaller? で one は jacket の繰り返しを避けているんですね。そして a size smaller 「一つ小さいサイズ」が形容詞的に one にかかっているんです。
●仏語の taille はちょっとややこしい。まず「身長」の意味があって Quelle est votre taille? といえば普通は身長を聞くことになるんですが, taille は服のサイズも表して，Quelle taille faites-vous? と言えば「あなたのサイズはいくつですか」。さらに taille はウエストの意味もあるんです。
◎ au-dessous というのがピンとこないんですが。
● au-dessous は副詞で「その下に」の意味なんですが，ここでは形容詞的に使われて la taille au-dessous は「その下のサイズ」の意味です。反対は au-dessus。Il habite à l'étage au-dessus. は「彼は上の階に住んでいる」。

### 「よく似合う」

● aller bien avec (à)～は「～によく似合う」という意味です。Cette robe te va très bien. と言えば「そのドレスは君にとてもよく似合う」。
◎英語の go well with もまさにその意味ですが，ただ with のあとが物の場合に限ります。Red wine goes well with meat.「赤ワインは肉とよく合う」とか。「誰々に似合っている」と言うような時は suit や fit を使います。「このドレスは彼女にぴったりだ」は This dress suits (fits) her.

### 「結構です」

●さて断る時の表現ですが Tant pis, je vous remercie. はお礼を言って婉曲に断る仕方ですね。もっと直接的に Je n'en ai pas envie. とか Il n'en est pas question. と言ってはっきり断る言い方もあります。
◎英語だったら Out of the question. とか No way! と言えば強い拒否になりますけど。
●誘いを断るような場合は Je suis vraiment désolé, mais je ne peux pas. とか。C'est très gentil, mais... と婉曲に断るか, Je n'en veux pas. とはっきり断るかは状況しだいです。
◎英語でも Sorry, I can't. That's very kind of you, but... あるいは I don't want any. などと言えるでしょうね。

---

**文法と表現**

■ aller の表現
-Comment allez-vous? (How are you?)　　-Ça va. (All right.)
-Qu'est-ce qui ne va pas? (What's wrong?)　　-Allez-y. (Go ahead.)

## 38. 保証する

● 劇場
■ 非人称構文

■ ジャックがオペラ座にバレーの券を買いにきました。

ジャック：オーケストラ席を2枚ください。

窓口の人：すみません，売り切れです。でもバルコニー席なら，まだありますが。

ジャック：そうですか。でも舞台から遠すぎませんか？

窓口の人：そんなことありません。舞台はとてもよく見えます。**保証しますよ**。

J: I'd like two orchestras, please.

B: Sorry, they are sold out. But there are seats left in the balcony.

J: Is that so? But isn't it too far from the stage?

B: No, not at all. You can see the stage very well, **I assure you**.

(B =box office)

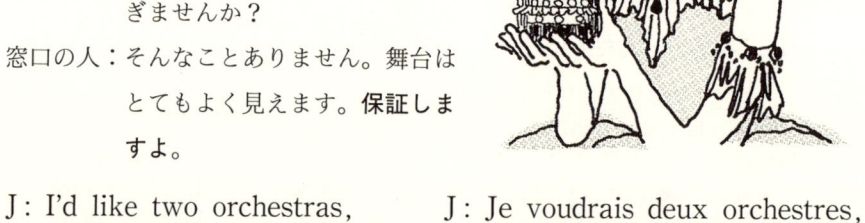

J: Je voudrais deux orchestres, s'il vous plaît.

G: Désolée, ils sont tous vendus. Mais il reste encore quelques places au balcon.

J: Ah oui? Mais ce n'est pas trop loin de la scène?

G: Non, pas du tout. On voit très bien la scène, **je vous le garantis**.

(G =guichet)

### 語彙

| 英 | 劇場・演劇 theater | 舞台 stage | クローク cloakroom | 指定席 reserved seat | 昼興業 matinee |
|---|---|---|---|---|---|
| 仏 | théâtre *m.* | scène *f.* | vestiaire *m.* | place réservée *f.* | matinée *f.* |

## 「オーケストラ席」

●「オーケストラ席」というのは劇場の一階の舞台に近い席ですね。「オーケストラ席2枚」は deux places à l'orchestre ですが，簡単に deux orchestres と言って買うことができます。balcon は普通は2階の桟敷席。オペラ座のように何階もあるような劇場では，上にいくほど見えにくくなるから席も安くなります。galerie はいわゆる「天井桟敷」。paradis（天国）ともいい，マルセル・カルネの有名な映画『天井桟敷の人々』の原題は Les enfants du paradis です。
◎英語も「天井桟敷」は gallery です。

## 「席」

●「席」，つまり「座席券」のことですが仏語は place を使う。Avez-vous encore des places pour ce soir？「今夜の席はまだありますか？」
◎英語は seat。place は Is this place taken？「この席はふさがっていますか？」のようには使えますが，「座席券」の意味では用いません。切符は ticket。Where can I get a ticket？「どこで切符を買えますか？」
●仏語でも英語の ticket が使われますが，これはもっぱら地下鉄やバスの切符です。映画や劇場，あるいは鉄道や飛行機の切符は普通は billet を使います。「どこで...」は Où peut-on acheter des billets？

## 「まだ残っている」

●「まだ残っている」Il reste encore... では，rester を非人称動詞として使っています。仏語では il を形式上の主語として，自動詞や代名動詞を非人称構文で使う場合があるんです。下で整理しましょう。
◎英語の rest は名詞で「残り」の意味はありますが，動詞は「休む」で，仏語のように「残っている」という意味はありません。be left とか remain を使う。それから，英語にも seem や appear，happen などの自動詞を it とともに用いる用法があります。

## 「保証します」

●さて「保証する」，あるいは「約束する」場合の表現をみましょうか。garantir は「権利を保証する」というような場合に使われますが，「断言する」というニュアンスでも用います。Je vous garantis le succès.「成功間違いなし！」。assurer や jurer も Je vous assure. Je vous jure.「本当なんだから」などと言える。また promettre「約束する」を使って Je te promets de t'écrire.「絶対手紙を書くから」。あるいは「約束した！」と言うときは Je te le promets. とか C'est promis.
◎英語も guarantee, assure, swear, promise があって仏語とほぼ同じように使えます。例えば I promise you. は「本当です」とうけあう時に使います。

---

### 文法と表現

■ 非人称構文

- Il est arrivé un accident.  (There happened an accident.) 事故が起こった。
- Il semble que ＋接続法  (It seems (appears) that...) 〜のように思える。
- Il ne me reste que 3 euros.  (I have only 3 euros.) 3ユーロしか残っていない。
- Il est honteux de mentir.  (It is shameful to lie.) うそをつくのは恥ずべきことだ。

## 39. 許可する

● 図書館
■ 許可の表現

■ マリオンが図書館にきています。

マリオン：この雑誌をコピーしたいんですが。

司書　：コピー機はあちらです。1度にコピーできるのは，20ページ以内です。

マリオン：わかりました。それから，この本は何日間借りられますか？

司書　：2週間です。

M: I'd like to xerox this magazine.

L: The copy machine is over there. **You can photocopy up to 20 pages at a time.**

M: I see. And how many days can I borrow this book?

L: You may keep it for two weeks.

(L =librarian)

M: Je voudrais photocopier ce magazine.

B: La photocopieuse est là-bas. **Vous pouvez photocopier jusqu'à 20 pages en une fois.**

M: D'accord. Et pour combien de jours est-ce que je peux emprunter ce livre?

B: Vous pouvez le garder deux semaines.

(B =bibliothécaire)

### 語彙

| | 図書館 | 書棚 | 閲覧室 | 本を返す |
|---|---|---|---|---|
| 英 | library | bookcase | reading room | to return a book |
| 仏 | bibliothèque *f.* | bibliothèque | salle de lecture *m.* | rendre un livre |

## 「コピーする」

● ゼロックス xerox は英語では動詞に使えるんですね。
◎ xerox はもともと乾式複写機の登録商標だったんですが，「(ゼロックスで)コピーする」という意味の一般的動詞としても使われるようになりました。xero- は「乾燥した」という意味の接頭語です。xerox の代わりに photocopy でもいいです。

## 「〜以内」

●「〜まで」という「限度」を表す時は，仏語は jusqu'à〜を使う。ここでのように数量の限度の他に，場所や時についても「〜まで」と言えます。depuis Londres jusqu'à Paris と言えば「ロンドンからパリまで」。du matin jusqu'au soir 「朝から晩まで」。
◎ 英語では使い分けがあります。場所や数量については to や up to が使われます。from London to Paris，あるいは「10まで数える」は count (up) to ten。till や until も「〜まで」の意味ですが時間についてだけ。「10時まで」は until ten o'clock (to や up to でもいい)。

## 「借りる」

◎「図書館から1週間本を借りる」は I borrow a book from the library for a week. borrow は「(無料で) 借りる」の意味です。賃借りは rent。だから「アパートを借りる」は I rent an apartment. また，移動不可能なものには borrow は使えない。「電話借りていいですか？」は Can I use your telephone? と use を使います。
● 面白いですね。仏語も無料で借りる時は emprunter，賃借りする時は louer と，二つを区別します。お金を借りる場合は emprunter。Je lui ai emprunté 100 euros.「彼から100ユーロ借りた」。
◎ 英語では I borrowed 100 euros from him.

## 「許可する」

● さて「許可」の表現ですが，まず pouvoir は「〜ができる」の意味の他に「〜してもよい」という許可を表すことができるんですね。Puis-je fumer?「タバコを吸ってもいいですか？」
◎ 英語の can もそうです。Can I smoke? can の代わりに may を用いても同じ。許可を求める時，過去形の might を使えば，さらに丁寧になります。Might I leave the room now?「もう部屋を出てもよろしいでしょうか？」
● もちろん「許可をする」という動詞 permettre を使うこともできます。Vous permettez?「よろしいですか？」
◎ May I? とか Do you mind? ですね。
● Permettez-moi de〜を使えば，許可をえる丁寧な表現になります。Permettez-moi de vous présenter ma sœur.「妹を紹介させていただきます」。

---

**文法と表現**

■ 許可の表現
-Do you mind if I smoke?
-Permit me to ask one question.
-I'm allowed to do it.
-Vous permettez que je fume?
-Permettez-moi de vous poser une question.
-Il m'est permis de le faire.

## 40. 禁止する

● 美術館
■ 禁止の表現

■ 洋子が美術館にやってきてビデオ撮影しようとしています。

警備員：ちょっと、お嬢さん、**ビデオ撮影はここでは禁止ですよ。**

洋子　：すみません、知りませんでした。写真ならいいですか？

警備員：ええ。でもフラッシュは禁止です。

洋子　：困ったな。これ自動的にフラッシュがたかれちゃうんですよね。

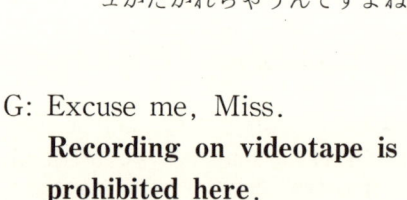

G: Excuse me, Miss. **Recording on videotape is prohibited here**.

Y: Oh, I'm sorry. I didn't know. Are photos permitted?

G: Yes, photos are permitted, but without a flash.

Y: That's annoying. The flash on my camera works automatically.

(G =guard)

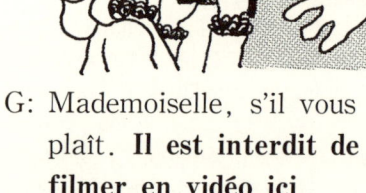

G: Mademoiselle, s'il vous plaît. **Il est interdit de filmer en vidéo ici**.

Y: Oh, excusez-moi. Je ne savais pas. Et les photos, c'est permis?

G: Oui, les photos sont permises, mais sans flash.

Y: C'est embêtant. Le flash de mon appareil se déclenche automatiquement.

(G =garde)

### 語彙

|   | 美術館 | 絵画 | 彫刻 | 芸術 | 芸術作品 |
|---|---|---|---|---|---|
| 英 | museum | picture | sculpture | art | work of art |
| 仏 | musée *m.* | peinture *f.* | sculpture *f.* | art *m.* | œuvre d'art *f.* |

## 「禁止です」

●禁止の言い方は「命令する」のところで少し触れましたが、もう一度とりあげましょう。「〜するのは禁じられている」は非人称構文にして Il est interdit de〜。défendre の受け身形を使って Il est défendu de filmer en vidéo. でもいいです。あるいは Je vous interdis (défend) de fumer dans ma chambre.「私の部屋ではタバコは禁止だ」のような言い方もできます。
◎英語では, I forbid smoking in my room.「禁止する」は forbid のほかに prohibit がありますが, こちらはもっぱら法や団体による禁止の意味で使われます。Smoking is prohibited here. とか。
●「禁止」の言い方で, devoir や il faut「しなければならない」を否定文にして表現することもできます。Vous ne devez pas (Il ne faut pas) faire comme ça.「そんなふうにしてはいけない」。
◎英語では must を否定形にして You must not do like that.
●掲示などでよく見かけるのは Défense d'entrer.「立ち入り禁止」とか Prière de ne pas fumer.「禁煙」のような表現です。
◎英語では, No admittance. や No smoking.

## 「困ったな」

●「困ったな」はいろいろな表現が考えられますね。C'est fâcheux. とか C'est ennuyeux. とか。C'est embêtant. はややくだけた言い方です。
◎英語だと That's annoying. の他には, That's disappointing. とか That's so bad. という言い方があります。

## 「写真」

●「写真」は photo。「写真を撮る」は prendre une photo, あるいは photographier。
◎英語も同じです。take a photo あるいは photograph。
●仏語で photographe はカメラマンのことですけどね。ついでに「写真機」のことは仏語では caméra とは言わない。appareil です。caméra は映画の撮影用のカメラのことです。

## 接尾語

●「自動的に」という副詞は仏語は automatiquement。-ment は形容詞から副詞にする時の接尾語です。形容詞を女性形にして -ment をつける。parfait/parfaitement「完全に」, léger/légèrement「軽く」, heureux/heureusement「幸福に」。ただ母音で終わっている形容詞はそのまま -ment をつけます。 vrai/vraiment「本当に」, poli/poliment「丁重に」。
◎英語は形容詞に -ly をつけて副詞にするのが多いです。quick/quickly「速く」とか sudden/suddenly「突然に」とか。easy は easily, gentle は gently, true は truly など少し形が変わるものもありますが。

---

**文法と表現**

■ 禁止の表現
-Don't open this letter!
-Gambling is not allowed.
-You have no right to do that.

-N'ouvre pas cette lettre!
-Les jeux d'argent sont interdits.
-Vous n'avez pas le droit de le faire.

## まとめ4
## ■ 接頭辞と接尾辞と記号

すでに述べたように（pp.8-10），英語はラテン語やフランス語から多くの語彙を借用しましたが，その語を形成する方法もラテン語や，あるいはそれを継承したフランス語から借用しました。そのために，英語とフランス語では派生語をつくりだす接尾辞や接頭辞に似ているものが数多くあります。それらの対応関係を知っておけば英語もフランス語も比較的楽に語彙を増やせるはずです。

### 1．接頭辞

| 仏　（英） | フランス語 | 英語 | |
|---|---|---|---|
| dis- | disgrâce | disgrace | 不名誉 |
| en- | enrichir | to enrich | 金持ちにする |
| ex- | ex-ministre | ex-minister | 元大臣 |
| in-　（un-） | incertain | uncertain | 不確実な |
| mal-（dis-） | malhonnête | dishonest | 不正直な |
| non- | nonchalant | nonchalant | のんきな |
| re- | renaissance | rebirth | 再生 |
| sous-（under-） | sous-estimer | to underestimate | 見くびる |
| sur-（over-） | surestimer | to overestimate | 買いかぶる |

### 2．接尾辞
#### 名詞

| 仏　（英） | フランス語 | 英語 | |
|---|---|---|---|
| -age(-age) | langage | language | 言語 |
| -aire(-ary) | dictionnaire | dictionary | 辞書 |
| -é　（-ee） | employé | employee | 従業員 |
| -eur(-er, -or) | porteur | porter | 運搬人 |
| | acteur | actor | 俳優 |
| -esse(-ess) | princesse | princess | 王女 |
| -ie　（-y） | boulangerie | bakery | パン屋 |
| -ien（-ian） | Parisien | Parisian | パリの人 |
| -isme(-ism) | racisme | racism | 人種差別主義 |
| -ité（-ity） | qualité | quality | 質 |
| -logie(-logy) | sociologie | sociology | 社会学 |
| -oire(-ory) | mémoire | memory | 記憶 |
| -phobie(-phobe) | xénophobie | xenophobe | 外国人嫌い |
| -ste(-ist) | dentiste | dentist | 歯医者 |

形容詞
| | | | |
|---|---|---|---|
| -able | adorable | adorable | かわいい |
| -é (ed) | équipé | equipped | 設備の整った |
| -el (-al) | émotionnel | emotional | 感情的な |
| -eux (-ous) | fameux | famous | 有名な |
| -if (-ive) | actif | active | 積極的な |
| -in (-ish) | enfantin | childish | 子供じみた |
| -ique(-ic) | atomique | atomic | 原子力の |

副詞
| | | | |
|---|---|---|---|
| -ment(-ly) | correctement | correctly | 正確に |

動詞
| | | | |
|---|---|---|---|
| -ifier(-ify) | simplifier | to simplify | 単純化する |
| -iser (-ize) | occidentaliser | to westernize | 西洋化する |

序数
| | | | |
|---|---|---|---|
| -ième(-th) | quatrième | forth | 4番目の |

3. アクサン記号とs
| | | | |
|---|---|---|---|
| ^ (s) | hôpital | hospital | 病院 |
| | hôtel | hostel | ホテル (簡易ホテル) |
| | île | isle | 島 |
| | forêt | forest | 森 |

・フランス語では脱落したsの代わりに ^ (accent circonflexe)が使われます。

# V章　態度・感情を表す表現

[CD 41]

## 41. 意見を聞く，言う

● 原子力エネルギー
■ 意見を言うための表現

■ 洋子とジャックが原子力エネルギーについて話し合っています。

ジャック：洋子は原子力エネルギーについて，どう思う？

洋子　　：私は廃止すべきだと思う。原子力は人類にとって危険すぎると思うわ。

ジャック：でも石油なしでどうやって生きていったらいい？

洋子　　：それよりまずエネルギーの無駄をなくすことを考えるべきだと思うわ。

J : Yoko, **what do you think about nuclear energy**?

Y : I think we must renounce it because it's too dangerous to human beings.

J : But how else could we survive without using oil?

Y : **In my opinion**, we must, above all, try not to waste energy.

J : Yoko, **que penses-tu de l'énergie nucléaire**?

Y : Je pense qu'il faudrait y renoncer parce que c'est trop dangereux pour l'être humain.

J : Mais comment pourrait-on survivre sans pétrole?

Y : **A mon avis**, il faudrait d'abord penser à ne pas gaspiller l'énergie.

### 語彙

|   | エネルギー | 電力 | 節約する | 原子力発電所 |
|---|---|---|---|---|
| 英 | energy | electricity | to economize | nuclear power station |
| 仏 | énergie f. | électricité f. | économiser | centrale nucléaire f. |

## 「〜についてどう思う？」

● 意見の聞き方の表現を挙げてみましょう。まず会話文にあるように，仏語では Que pensez-vous de〜？ があります。
◎ 英語では What do you think about〜？ ですね。about の代わりに of でもいいです。
● 「どう思う？」の「どう？」に comment を使う人がよくいるんですが Comment だったら例えば Comment trouvez-vous ce livre？「この本をどう思いますか」のように動詞は trouver になります。
◎ 英語も how を使うんだったら，think ではなくて，find とか like。How do you find (like) this book？
● あと「あなたの意見は？」と直接的に聞くこともできますね。Quelle est votre opinion？ あるいは Quel est votre avis？
◎ What is your opinion？ ですね。

## 「〜だと思う」

● 今度は意見の表明の仕方です。「〜だと思う」はもちろん Je pense que〜 があります。何度も言うようにこの que は省略できません。penser の代わりに Je crois que〜，Je trouve que〜 も「〜だと思う」の意味です。
◎ 英語でいうと I think (that)〜，I find (that)〜 に相当するわけですね。
● 「〜のように思われる」という推測を表す場合は？
◎ 英語だったらまず，It seems to me (that)〜があります。I guess (that)〜 も，

そんな言い方ですね。I guess you're right.「あなたが正しいと思う」とか。
● 仏語だったら supposer ですね。Je suppose que vous avez raison. It seems to me〜 にあたるのは非人称構文の Il me semble que〜です。
● あと「私の意見では〜」というのも覚えておくと便利です。A mon avis,... とか D'après moi とか Pour moi のような表現です。
◎ 英語だと In my opinion。According to me はえらそうに聞こえるので使わない方がいいみたいです。

## 油

● 仏語は油関係の語彙は注意が必要です。用途によっていろいろな単語がある。まず食用の油は huile。油絵も peinture à l'huile です。石油は pétrole，灯油は mazout。ガソリンは essence です。
◎ 面白いですね。英語は食用の油も石油も灯油もみんな oil でいいです。ガソリンは gas(oline) ですが。
● 「〜を廃止する」，仏語の renoncer は間接他動詞だから renoncer à〜で用いる。
◎ 英語の renounce は他動詞で，すぐ目的語をもってきます。似ている動詞だけにこのへんが間違いやすいですね。
● それから最後の「無駄をなくす」は「浪費しないようにする」としたんですが，ここも仏語と英語で微妙に違う。仏語は penser à ne pas＋不定詞。
◎ 英語は try not to＋原形。仏語は否定辞 (ne pas) が à の後，英語 (not) は to の前。

### 文法と表現

■ 意見を言うための表現

-I've the impression (that) she's shy.　-J'ai l'impression qu'elle est timide.
-I'm sure you're mistaken.　-Je suis sûr que vous vous trompez.

## 42. 賛成する，反対する

● 死刑制度
■ 賛成・反対の表現

■ フランスでは1981年に死刑制度が廃止されていますが，マリオンたちがこの問題について議論しています。

マリオン：最近死刑制度の復活を唱える人が多いそうだわ。
ジャック：**僕は賛成**だな。凶悪犯罪を防止するには死刑はやはり必要だと思う。
マリオン：**私は反対**。どんな犯罪者にも更正の機会を与えるべきだと思うわ。
ジャック：ところで日本はどうなっているんだい，洋子？

M: They say that recently there are many people who want to restore the death penalty.

J : **I'm for it**. I think the death penalty is necessary to dissuade criminals.

M: **I don't agree with you**. I think we should give all criminals a chance to redeem themselves.

J : Concerning this problem, what's going on in Japan, Yoko?

M: Il paraît que récemment il y a beaucoup de gens qui prétendent rétablir la peine de mort.

J : **Moi, je suis pour**. Je pense que la peine de mort est nécessaire pour dissuader les criminels.

M: **Je ne suis pas d'accord avec toi**. Je pense qu'on devrait donner l'occasion de se racheter à tous les criminels.

J : Au fait, comment ça se passe au Japon, Yoko ?

語彙

|   | 法律 | 犯罪 | 殺人 | 裁判 | 裁判官 | 裁判所 |
|---|---|---|---|---|---|---|
| 英 | law | crime | murder | trial | judge | court of law |
| 仏 | loi *f.* | crime *m.* | meurtre *m.* | procès *m.* | juge *m.* | tribunal *m.* |

## 「〜だそうだ」

● 「〜だそうだ」という言い方はもう何度か出ましたが,ひとつは Il paraît que〜 ですね。これは「人々のうわさでは〜らしい」という伝聞による推測を表します。On dit que〜 と同じ意味。もう一つ似ているのは Il semble que〜。これは主観的な判断で「〜らしい」。その後は接続法です。Il paraît que〜 の後は直説法。
◎英語は It seems (that)〜 が主観的判断を表します。It appears〜 は,特に視覚に基づく判断。伝聞による推測は I hear (that) とか They(People) say〜 です。
● 「人々」を英語では people を使っていますね。仏語の peuple には「人々」の意味はありません。「国民」とか「民衆」の意味です。「人々」は les gens。

## 「賛成だ」

● さて「賛成だ」の表現ですが,仏語は Je suis pour. この pour は形容詞的に使われていて,pour の後に何ももってこないで使えるんです。反対は Je suis contre.
◎英語は it を入れたほうがいい。I'm for (against) it. 他にも賛成する言い方はいろいろあります。I agree with you. とか I think so, too. とか。
● 仏語では Je suis d'accord avec vous. がよく使われますね。Je suis du même avis que vous. などとも言える。
◎ I'm of the same opinion as you. ですね。あるいは I feel the same way.
● 強めるときには absolument とか tout à fait をつければいい。それだけでも賛成の表現になりますが。Tout à fait!「まさにそのとおり!」
◎英語も absolutely や completely で強意になります。I completely agree. とか。

## 「反対する」

● 「反対する」時は,賛成の表現を否定文にすればいいですね。Je ne suis pas d'accord avec vous. 強く反対するときは Absolument pas! とか。
◎英語も否定文にしてもいいし,agree の反対の disagree を用いて I disagree with you.
● ちょっと遠慮しながら反対するときは Pas vraiment (tellement, toujours).「そうともいえない」のように言えばいいと思います。Vraiment pas. は逆に強い反対になるので注意。
◎英語だったら Not really とか,文頭に I'm afraid をつければ表現が柔らかくなる。I'm afraid that I have to disagree with you there.「その点については賛成いたしかねます」。

## 「日本はどうなっている?」

◎「日本はどうなっている?」はいろいろな表現ができると思います。How does it work in Japan? が仏語の Comment ça se passe au Japon? に近いかもしれない。他にも What's the situation like in Japan? とか。

---

### 文法と表現

■ 賛成・反対の表現
-That's a great idea.　　　-C'est une très bonne idée.
-I can't go along with you.　-Je ne suis pas d'accord avec vous.
-That's nonsense.　　　　-Vous n'y êtes pas du tout.

## 43. 関心を示す

● 失業問題
■ 代名動詞

■ 洋子とマリオンが失業問題について話し合っています。

洋子　　：マリオンは失業問題に関心がある？
マリオン：ええ，もちろん。来年は職を探さなきゃならないんだから。
洋子　　：フランスはなぜこんなに失業率が高いんだと思う？
マリオン：移民労働者のせいだという人もいるけど，はっきりしたことはわからないわ。

Y: **Marion, are you concerned about the unemployment problem?**

M: Yes, of course, because I have to find a job next year.

Y: In your opinion, how is it that the percentage of unemployment in France is so high?

M: Some say it's because of the immigrants, but we don't know exactly.

Y: Marion, tu t'intéresses au problème du chômage?

M: Oui, bien sûr, parce que je dois trouver un emploi l'année prochaine.

Y: A ton avis, comment se fait-il que le taux de chômage en France soit si élevé?

M: Il y a des gens qui disent que c'est à cause des immigrés, mais on ne sait pas exactement.

### 語彙

| | 失業者 | 失業中である | 就職する |
|---|---|---|---|
| 英 | unemployed person | to be out of work | to get a job |
| 仏 | chômeur *n.* | être au chômage | obtenir un emploi |

### 「〜に関心がある」

● さて「〜に関心（興味）がある」は，仏語ではまず s'intéresser à〜 があります。代名動詞ですね。intéresser を他動詞で使う言い方もよくします。L'informatique, ça m'intéresse beaucoup．「私はコンピュータにとても興味がある」。あるいは非人称構文にしてもいい。Ça m'intéresse de voir ce film．「その映画を見たいな」。
◎ 英語も I interest myself in his businesse．「私は彼の事業に関心がある」のように，ちょうど仏語の代名動詞のような言い方もありますが The news interested me．「私はそのニュースに興味をもった」や I'm interested in his plan．「彼の計画に興味がある」のような表現の方がよく使われるようです。interest の他に concern があって，これも be concerned about (with) 〜で「〜に関心がある」という意味で使われます。
● 仏語にも concerner がありますが，こちらはもっぱら「〜と関係がある」。英語のように受け身で「〜に関心がある」の意味になりません。Ça ne me concerne pas. は「私には関係ない」の意味です。
◎ あと curious なんて形容詞を使って「関心」を表すこともできますね。He was curious to know why．「彼はなぜか知りたがっていた」。
● Il était curieux de savoir pourquoi．

### 仕事

● 仏語でも英語の job を使うんですが，「アルバイト」のような意味で使うことが多いんですね。
◎ あ，そうですか。英語では job は特に「アルバイト」をさすわけではありませんけど。ただ work との違いを言えば，work は不可算名詞で job は 可算名詞なんです。だから「職を探す」は seek (look for) work か seek a job です。
● それは面白い。仏語でも chercher du travail か chercher un emploi です。

### 「なぜこんなに高い」

● Comment se fait-il que〜? は「どうして〜なのか」という「驚き」を含んだ理由の尋ね方です。que の後は接続法。
◎ 英語で似た言い方が How is it that〜? ちょっとくだけた言い方になりますが。
● それから，「率」le taux や「パーセンテージ」le pourcentage が「高い」という時は haut ではなく élevé を使うことに注意。反対は bas。
◎ フランスでは本当に失業が深刻なんですか？
● ええ。失業率は10％前後に達しています。特に仕事の経験のない若者に失業者が多く，大学を出たからといって仕事が見つかるとは限らない。フランスの学生は大変です。

### 文法と表現

■ **代名動詞**

英語には代名動詞はないが，他動詞が再帰代名詞 oneself を伴う用法がこれに似ている。

-Je m'intéresse à l'anglais.　（I interest myself in English.）　英語に興味がある。
-Amusez-vous bien !　　　　（Enjoy yourself !）　楽しんでください。
-Servez-vous !　　　　　　　（Help yourself !）　ご自由にめしあがれ。
-Il s'est tué.　　　　　　　　（He killed himself.）　彼は自殺した。

## 44. 驚く

● フランス語が上達する
■ 接続法

■ 洋子のフランス語の上達にジャックとマリオンが驚いています。

ジャック：君のフランス語がすごく上達したんで，僕らは驚いてるんだ。
洋子　　：あなた達のおかげだわ。いろいろ助けてくれてとても感謝しているわ。
ジャック：当然だよ。洋子はとてもまじめだから。
洋子　　：とにかく，まだまだ学ぶことはたくさんあるわ。

J: **We are surprised that you've made so much progress in French.**
Y: Oh, thanks to you. I really appreciate your help.
J: You deserve it because you are very serious.
Y: Anyway, I have a lot more to learn.

J: **Nous sommes étonnés que tu aies fait autant de progrès en français.**
Y: Oh! C'est grâce à vous. J'apprécie beaucoup votre aide.
J: Tu la mérites parce que tu es très sérieuse.
Y: En tout cas, j'ai encore beaucoup de choses à apprendre.

### 語彙

| | ～に磨きをかける | 努力する | 外国語 | 学ぶ |
|---|---|---|---|---|
| 英 | to improve in ～ | to make an effort | foreign language | to learn |
| 仏 | se perfectionner en ～ | faire des efforts | langue étrangère f. | apprendre |

## 「驚いている」

◎「驚いている」は I'm surprised ですが、感情表現にはこうした受動態がよく使われます。be satisfied「満足している」, be disappointed「失望している」, be frightened「恐がっている」とか。

● それは仏語も同じ。être surpris(étonné), être satisfait, être déçu, être effrayé など。ただこれらは受動態というより、過去分詞の形容詞化したものと考えた方がよさそうですが。

◎ 何に驚くかは、会話文にあるようにそのあとに that 節をもってくるか、at＋名詞（動名詞）にするか、不定詞にするかの三つの言い方があります。例えば「電報を受け取って驚いた」は I'm surprised at the telegram. あるいは I'm surprised to receive the telegram.

● 仏語は感情表現が主節にあると従属節は接続法になるという規則があります。接続法は英語にはないから、やっかいに思われるかもしれませんが、日常会話ではよく使われるし、規則を覚えてしまえばそんなに難しいものではありません。「君が〜して驚いた」は Nous sommes étonnés que tu aies fait...。que の後で faire の接続法過去が使われています。それから英語と同じように、étonné の後で de を先立てて名詞や不定詞をもってくることもできます。Je suis étonné de son absence.「彼が来ていないので驚いている」。あるいは Je suis étonné d'apprendre cette nouvelle.「そのニュースを聞いて驚いている」。

◎ 驚きを表すには、ほかにもいろいろあります。That's a surprise! とか、What a surprise! のような言い方。あるいは My God!, Good heavens! や Wow! のような間投詞による表現。

● 仏語だったら Mon Dieu!, Oh là là!, Ah bon? Ça alors! などが驚きを表します。あと C'est incroyable! Ce n'est pas possible! などとも言えますね。

◎ Unbelievable! とか It's not possible! ですね。

## 「〜が上達する」

●「〜が上達する」は仏語は faire des progrès en〜。autant de〜は名詞の同等比較ですが、後に que がないと「これほどの〜」という主観的な強調の意味になります。

◎ 英語は make progress in〜で「〜が上達する」。improve in〜は少し硬い。

● grâce à〜は「〜のおかげで」。

◎ 英語だったら thanks to〜ですね。「〜のせいで」という皮肉の意味でも使われることがあります。

●「とにかく、いずれにせよ」は en tous cas。「どんな場合でも」の意味から「アンツーカー（全天候型のグラウンド）」という言葉にもなっています。

◎ それは知らなかった。英語は anyway, anyhow。あるいは仏語と同じように in all cases。

---

### 文法と表現

■ 接続法——主節が感情を表す場合、従属節には接続法を用いる。

-Il est étonnant que vous soyez ici.　（あなたがここにいるとは驚きだ）
-Cela m'étonne qu'il soit venu.　（彼が来たので私は驚いている）
-Je suis étonné qu'il soit absent.　（彼がいないので驚いている）
-Je m'étonne qu'il soit arrivé si tôt.　（彼がこんなに早く着いたので驚いている）

## 45. 満足する

● 授業
■ all と tout

■ マリオンが自分の受けている授業について話をしています。

ジャック：授業には満足してるかい？
マリオン：ええ，でもどの授業もというわけじゃないわ。文学の授業にはがっかりした。
ジャック：どうして？有名な教授だって聞いてるけど。
マリオン：彼は女性に対してすごく偏見があるの。例えば女性作家はみな感情的で非合理的だとか言うのよ。

J : **Are you happy with your classes ?**

M: Yes, but not all of them. I'm disappointed with my literature class.

J : Why ? The professor is very famous, isn't he ?

M: Yes, but he has many prejudices against women. For example, he says that all women writers are emotional and irrational.

J : **Tu es contente de tes cours ?**

M: Oui, mais pas de tous. Je suis déçue du cours de littérature.

J : Pourquoi ? C'est pourtant un prof très connu, non ?

M: Oui, mais il a beaucoup de préjugés contre les femmes. Par exemple, il dit que les femmes écrivains sont toutes émotives et irrationnelles.

### 語彙

| | 授業 | 授業を聴く | 科目 | 試験 | 時間割 |
|---|---|---|---|---|---|
| 英 | class | to go to classes | subject | exam | timetable |
| 仏 | cours m. | suivre des cours | matière f. | examen m. | horaire m. |

## 「満足している」

●さて「〜に満足している」は être content de〜。その後は名詞も不定詞もきます。Je suis content de ton succès.「君が成功してうれしい」、あるいは Je suis très content de vous voir.「お目にかかれて大変うれしい」。そして「驚く」のところでみたように，節を使えば接続法になります。Je suis content que vous soyez venu.「おいでいただけてうれしい」。
◎英語はいろいろな形容詞が考えられますね。content, contented, satisfied, happy, pleased。前置詞はこれらのどの形容詞にも with が使えます。I'm very pleased with (about) my new job.「新しい仕事がとても気に入っている」とか，I'm content with my life.「生活にとても満足している」。
●仏語にも同じような意味の形容詞がいろいろあって, content＜heureux＜enchanté＜ravi の順で意味が強くなります。
◎英語は happy の方が content や satisfied より口語的。
●仏語の satisfait は，目上の人が下の人のしたことに対する満足であることが多いようです。先生が生徒の宿題に満足するとか。
◎満足を表す表現は他にもいろいろあります。英語だと That's great! とか That's terrific! あるいは Fantastic! Smashing! Super! さらに How wonderful! のような感嘆文。
●仏語では例えば C'est très bien. C'est parfait. あるいは Formidable! Tant mieux! Super! Chouette! など。

## 「どの〜も〜というわけではない」

◎ not all of them. は「それらの全てがそうというわけではない」という部分否定です。all が否定文で使われると部分否定になるんですね。All children do not like apples.「どの子供もりんごが好きというわけではない」のように。
●仏語の tout も部分否定になります。Tous les enfants n'aiment pas les pommes. この tout は形容詞や代名詞や副詞になってやっかいな単語です。例えば「女性作家はみな」のところで les femmes écrivains sont toutes... の toutes は同格の代名詞です。toutes les femmes écrivains とすれば形容詞になる。下で all とともに整理しましょう。

## 「感情的な」

●仏語の émotif は「感じやすい，興奮しやすい」。émotionnel もありますが，これは単に「感情の」。ここでは émotif ですね。
◎英語の emotional はその両方の意味がありますから問題ありません。

### 文法と表現

■ **all と tout**

- 形容詞（all も tout も冠詞，所有形容詞の前。tout は tout/toute/tous/toutesと変化）
  -*all* my money/*tout* mon argent（私の金全て）
- 代名詞（単数は tout，複数は tous, toutes）
  -That's *all*./C'est *tout*.（それだけだ）-*all* together/*tous* ensemble（皆一緒に）
- 副詞（toutは子音で始まる女性形容詞の前でtoute）
  -*all* alone/*tout* seul（*toute* seule）（たった一人で）

## 46. 失望する

● 映画
■ S+V+C+A 構文

■ マリオンとジャックがゴダールの映画について話しています。

マリオン：ゴダールの新作には失望したわ。
ジャック：あ，そう？　パリスコープでは好評だったみたいだけど。
マリオン：本当？　ストーリーが単調だし，登場人物に魅力がないと思ったわ。
ジャック：なかなか厳しいね。

M: **I am disappointed with the new Godard film.**

J : You are? They say it got a favorable review in *Pariscope*.

M: Really? For me, the story is monotonous and the characters are unattractive.

J : You're difficult to please.

M: **Je suis déçu du nouveau film de Godard.**

J : C'est vrai? Il paraît qu'on en dit du bien dans *Pariscope*.

M: Vraiment? Pour moi, l'histoire est monotone et les personnages manquent de charme.

J : Je te trouve bien difficile.

### 語彙

|   | 映画 | （1本の）映画 | 監督 | 俳優（女優） |
|---|---|---|---|---|
| 英 | cinema (movie) | film | director | actor (actress) |
| 仏 | cinéma *m*. | film *m*. | metteur en scène *m*. | acteur (actrice) |

## 「～に失望した」

● 「～に失望した」は être déçu de～。他動詞 décevoir を使って Il m'a vraiment déçu.「彼には本当に失望した」のような言い方もよくします。
◎ 英語は be disappointed with (in, at)～がよく使われます。上の文章も I was very disappointed in him.
● 英語の「ゴダールの新作」という言い方が面白い。new Godard film。Godard's の 's をはぶいちゃうんですね。
◎ ええ。極めて口語的な言い方ですが。日本語だって有名人の場合、例えば「黒沢映画」って言いますけどね。

## 「好評」

● 「あ、そう？」は C'est vrai？「本当？」ですが、英語は...
◎ もちろん Is it true？ や Really？ でもいいんですが、前で I am...と言ってるから、You are？と聞き返す言い方で答を確かめるわけですね。よく使います。
● 「好評だ」は dire du bien de～「～について良く言う」を使っています。 Tout le monde dit du bien de lui.「彼はみんなに評判がいい」とか。「～をけなす」だったら dire du mal de～。
◎ 英語は speak well (ill) of～ がある。Everyone speaks well of him. 会話文もこの言い方でいいんですが、get a favorable review「好意的な批評を受ける」とやや硬い言い方をしています。

● avoir une bonne critique ですね。
◎ ところでパリスコープって何ですか。
● 日本で言ったら「ぴあ」みたいな、パリの映画・演劇・コンサートなどの週刊情報誌です。キオスクで売っています。

## 「魅力がない」

◎ 「魅力がない」は unattractive。
● 仏語では人について言うなら peu sympathique。ここでは manquer de charme 「魅力を欠いている」という表現にしていますが。
◎ 英語の character は「性格」とか「特性」の意味もありますが、劇や漫画の「登場人物」のこともいいます。
● 仏語の caractère には「登場人物」の意味はない。「登場人物」は personnage です。

## 「なかなか厳しい」

● 「なかなか厳しい」は「君は気難しい人だと思う」ととって Je te trouve bien difficile. としてあります。 trouver A B で「A を B と思う」という構文ですね。 difficile は人に用いて「気難しい」の意味があります。Il est très difficile pour la nourriture.「彼は食べ物に関してはなかなかうるさい」とか。
◎ 英語の difficult にも「気難しい」の意味があります。be difficult to～という表現でよく使います。He's difficult to get along with.「彼はつき合いにくい奴だ」とか。

---

### 文法と表現

■ S（主語）＋V（動詞）＋C（目的補語）＋A（属詞）構文（英語ではS＋V＋O＋C）

-Je le trouve sympathique. (I find him very nice.)
　　　　　　　　　　　　　　　彼はとても感じがいいと思う。

-Laisse-moi tranquille.　(Leave me alone.)　ほっといてくれ。

## 47. 危惧する

● 運転
■ ジェロンディフ

■ 洋子がフランス人の運転について話しています。

洋子　　：**フランス人の運転は恐いわ。**
マリオン：ええ，わかるわ。とても向こう見ずだから。
洋子　　：運転してて恐い目にあったことあるの？
マリオン：ええ，何度も。フランスではスピードを出しすぎの車が多いから。

Y: **French drivers frighten me.**

M: Yes, I understand you. They're so reckless.

Y: Were you ever scared while driving?

M: Yes, many times. In France, there are many people who speed.

Y: **Les automobilistes français me font peur.**

M: Oui, je te comprends. Ils sont très imprudents.

Y: Tu as déjà eu des émotions en conduisant?

M: Oui, bien des fois. En France, il y a beaucoup d'excès de vitesse.

### 語彙

|   | 運転 | 運転する | 運転免許 | 自動車事故 |
|---|---|---|---|---|
| 英 | driving | to drive | driver's license | car accident |
| 仏 | conduite *f.* | conduire | permis de conduire *m.* | accident d'auto *m.* |

## 「恐い」

● 「～が恐い，心配だ」という危惧の表現ですが，仏語はまず avoir peur de～という表現があります。J'ai peur des examens.「試験が心配だ」とか。
◎ 英語だと I'm afraid of～. 仏語では avoir～ という言い方がよくありますね。J'ai froid.「寒い」とか J'ai faim.「おなかがすいた」とか。こういう時，強調して例えば「とても心配だ」と言うにはどうしたらいいんですか？
● avoir～の無冠詞名詞は，形容詞に近いものと考えて très をつければいいんです。J'ai très peur des examens.
◎ 会話文の「～は恐い」は...me font peur. という構文を使っていますね。
● 「～が誰を恐がらせる」という時は faire peur à qn を使う。日本語ではあまり使わない言い方ですが，事物や事象を強調して主語にする，無生物主語の構文は仏語では極めて普通です。
◎ 英語の French drivers frighten me. は「フランス人の運転手というのは恐いものだ」というふうに，一般的にものごとを述べています。一方，I'm frightened of French drivers. という受け身の文章にすると，ある具体的な体験を前にして「ぎょっとした」というニュアンスをもちますね。
● なるほど。ところで英語では scare という単語もよく聞くんですが。
◎ scare は frighten より口語的です。受け身で I'm scared (of spiders).「(蜘蛛が)恐い」なんてよく言いますね。
● 仏語は危惧を表す動詞は他に craindre があります。avoir peur より少し改まった言い方です。Je crains qu'il ne soit parti.「彼が出発したんじゃないかと恐れている」

## 「運転してて」

◎ 「運転してて」のところで仏語の en conduisant というのは何ですか？
● ジェロンディフ。"en＋現在分詞"で主動詞に副詞的にかかり，同時性や理由・条件など様々な意味を表します。ここでは en conduisant を pendant que tu conduisais. という節を用いて書き換えられます。
◎ ああ，それなら英語の分詞構文ですね。(On) arriving at Paris, I got in touch with him.「パリに着いて彼に連絡した」のような文章の arriving という現在分詞の用法です。やはり同時性や理由や条件・譲歩などいろいろな意味を表す。ここの while driving は while I was driving から I was を省略しているんです。
● 「スピードの出しすぎ」は excès de vitesse. 実際フランス人は皆かなりのスピードで運転しますが，事故はスピードの出しすぎより，飲酒運転の方が多いようです。

---

### 文法と表現

■ ジェロンディフ（主動詞に副詞的にかかり，同時性，手段，理由などを表す）

-Elle lisait le journal *en attendant* l'autobus. (＝*while waiting* for the bus)
　（彼女はバスを待つ間，新聞を読んでいた。——同時性）

-J'ai trouvé du travail *en lisant* les petites annonces. (＝*by reading* the classified ads)　（私は三行広告を見て仕事をみつけた。——手段）

## 48. 後悔する

● 歯医者
■ 虚辞のne

■ ジャックが歯の治療に行きました。

ジャック：先生，この歯がズキズキ痛むんです。
歯医者　：おやおや，この虫歯は今すぐ抜かなくちゃダメですね。
ジャック：そんなにひどいですか？
歯医者　：ええ。他に手の施しようがありません。
ジャック：もっと早く治しておくんだった。

J: Doctor, I have a throbbing pain in my tooth.

D: Well, well. I'm afraid I must pull out this decayed tooth immediately.

J: Is it that bad?

D: Yes, there's no other way.

J: **I should have had it treated earlier.**

(D =dentist)

J: Docteur, j'ai une douleur lancinante à la dent.

D: Ah ça, je crains qu'il ne faille arracher cette dent cariée tout de suite.

J: Elle est si mauvaise que ça?

D: Oui, il n'y a pas moyen de faire autrement.

J: **J'aurais dû me faire soigner plus tôt.**

(D =dentiste)

### 語彙

| | 歯 | 治療 | 〜の看病する | 患者 | 手術する |
|---|---|---|---|---|---|
| 英 | tooth | treatment | to take care of | patient | to operate |
| 仏 | dent *f.* | traitement *m.* | soigner | patient *n.* | opérer |

## 「ズキズキ」

● この「ズキズキ」というのは擬態語と言われるもので，日本語には極めて多い。痛みについて言うだけでも「ずきずき」「きりきり」「ちくちく」「ひりひり」などたくさんあります。仏語にはオノマトペ，つまりfrou-frou（衣擦れの音）とか，crac「ガチャーン」，boum「バーン」，coquerico「コケコッコー」や miaou「ニャーオ」のような擬音語はありますが，日本語の擬態語に当たるのはないと思います。だから「ズキズキ」は lancinant「うずくように痛い」とか，「ひりひりする」は cuisant「焼けるような」とか，それに近いイメージの語を探してくるしかないと思います。
◎ 英語も事情は同じですね。throbbing は throb「激しく動悸を打つ」という動詞からきた形容詞なんですが，うずくような痛みについて言えると思いますね。「目がひりひりする」だったら My eyes are irritated. とか。

## 「～ですね」

● 「虫歯は抜かなくちゃダメですね」のところで仏語は Je crains que～としている。
◎ 英語も I'm afraid...。流れから言ってこの方が自然なようです。
● 日本語では別に「～を心配している」とは言ってないんですが，語尾の「ね」に微妙に「自分は心配なんですが」というニュアンスがこめられているとも考えられる。
◎ 確かに「ね」は英語や仏語に訳すときは工夫が必要ですね。ところで仏語の Je crains qu'il ne faille の ne は何ですか？
● ああ，それは虚辞の ne と言われるものなんです。主節に危惧を表す表現がくると従属節で接続法とともに用いられます。意味は肯定ですが「～ないのではないか」という否定のニュアンスの反映がそこにあるのです。この ne は会話では省かれることが多いです。

## 「治しておくんだった」

● 最後の文章の J'aurais dû という仏語は，devoir「～すべきである」の条件法過去で，「～すべきであったのだが」という後悔を表す表現になります。
◎ 英語の I should have had も have の仮定法過去完了で，「～してもらうべきだった」という後悔の表現になりますね。ここの had は使役の用法です。
● 「後悔」は仏語では remords。これは「良心の呵責」といったちょっと強い意味です。普通は regret。その動詞の regretter を使って「後悔する」。Je ne regrette rien de ce que j'ai fait.「私は自分のしたことを何も後悔していない」とか。
◎ I've no regrets about what I did. 英語では regret のほかに sorry も「後悔」を表します。She's sorry for having done it.「彼女はそれをしたことを後悔している」。
● Elle est désolée de l'avoir fait. ですね。

---

### 文法と表現

■ **虚辞の ne** ─危惧を表す動詞，比較の que の後，接続詞句の後などで。
- Je crains qu'il (ne) soit parti.　彼が出発したのではないかと心配だ。
- Il est plus vigoureux qu'il (ne) paraît.　彼は見かけより丈夫だ。
- A moins que vous (ne) l'ordonniez,...　あなたがそれを命じない限り...

## 49. 困惑する

● ストライキ
■ 数量を表す副詞

■ SNCF（フランス国営鉄道）のストライキにジャックが困惑しています。

ジャック：SNCFは，これでもう3週間ストだ。困ったものだね。

マリオン：でもしかたないわ。ストライキは労働者が自分達の権利を守る唯一の手段なんだから。

ジャック：そうだけど，でもストで困るのは雇い主じゃなくて結局，我々労働者だよ。

マリオン：まあ，もう少し辛抱することね。

J : The SNCF has already been on strike for three weeks. **It's very annoying**.

M: We have to accept it. It's the only means for workers to defend their rights.

J : I know, but going on strike only troubles us, the workers, not the employers.

M: Well, have a little more patience.

J : La SNCF est en grève depuis déjà trois semaines. **C'est vraiment embêtant**.

M: Que veux-tu ? C'est le seul moyen pour les travailleurs de défendre leurs droits.

J : Je sais, mais en faisant la grève, ce sont nous, les travailleurs, qu'ils dérangent, pas les patrons.

M: Allez, encore un peu de patience.

### 語彙

| | ストライキをする | スト中 | スト参加者 | 〜を要求する |
|---|---|---|---|---|
| 英 | to strike | to be on strike | striker | to demand |
| 仏 | faire grève | être en grève | gréviste *n.* | revendiquer |

## ストライキ

● ストライキの話です。日本と比べるとフランスはストライキが多い。交通機関や郵便局、看護婦や囚人まで、しょっちゅうどこかでストをやっているという印象があります。

◎ アメリカはもっとすごい。日本の30倍ぐらいストをやっているという統計もありますから。

● その「ストライキをしている」という表現ですが仏語は être en grève。「3週間前から」は depuis trois semaines ですが、ここで英語は since は使えないんですか？

◎ since は「ある時点から」なんです。I've been here since five o'clock.「5時からここにいる」のように。week や year のように「期間」を表すんだったら for を使います。I've been here for five years. この文章は「5年前からここにいる」とも訳せますから、確かに since と紛らわしいですね。

● それに対して、仏語の depuis は、「～から」と「～前から」の意味がある。depuis 1900は「1900年から」だし、Il est ici depuis 5 ans. は「5年前からここにいる」です。「現在までの継続」を表すこの文章の場合、英語は現在完了ですが、仏語は現在形を使います。

### 「困ったものだ」

◎ 「困ったものだ」は英語は annoying という形容詞を使っていますが、動詞は annoy。受け身で be annoyed at (by) は「(迷惑をかけられて)不愉快だ」の意味です。annoy より少し弱い意味ですが、bother も「困らせる」。He bothered me with stupid questions.「彼にバカな質問をされて困った」。ほかに trouble も「面倒をかける、困らせる」の意味です。He is troubled about his son's behavior.「彼は息子の行儀のことで頭を悩ませている」。

● 仏語はまず ennuyer「困らせる、心配させる」という動詞。Quelque chose vous ennuie?「何かお困りですか?」。人前でタバコを吸いたい時は déranger を使って Ça ne vous dérange pas?「かまいませんか?」と一言断るべきです。それから「身にあまるプレゼントをいただいて恐縮だ」などという時は Un tel cadeau me gêne vraiment. などのように gêner を使ったり、Je suis confus.「恐縮です」などと言うこともできます。会話文にある embêtant は、くだけた言い方です。普通は ennuyeux とか fâcheux。

### 「しかたない」

● 「しかたない」は Que veux-tu?「どうしろと言うんだ」という言い方ですね。ほかには Tant pis! とか。いかにもフランス的と思えるのは C'est la vie!「それが人生さ!」という表現を使うことです。

◎ 英語でも That's life! とか Such is life! とか言いますけどね。

---

### 文法と表現

**■ 数量を表す副詞**

- たくさんの　beaucoup de /many (可算名詞),　beaucoup de/much (不可算名詞)
- 少しの　quelques/ a few (可算名詞),　un peu de/a little (不可算名詞)
- あまりに多くの　trop de/too many (可算名詞),　trop de/too much (不可算名詞)

## 50. 賛嘆する

● プレゼント
■ 感嘆文

■ 洋子がマリオンに誕生日のプレゼントをしています。

洋子　　：はい，これあなたの誕生日のプレゼント。

マリオン：わあ，素敵。なんてきれいなんでしょう。これ日本の人形ね。

洋子　　：ええ。気に入ってくれるといいんだけど。

マリオン：もちろん。とっても素晴らしいわ。ありがとう，洋子。

Y : Here, this is a small present for your birthday.

M : **Wow! It's really beautiful!** It's a Japanese doll, isn't it?

Y : Yes. I hope you like it.

M : Yeah, of course I do. I think it's wonderful. Thank you so much, Yoko.

Y : Tiens, c'est un petit cadeau pour ton anniversaire.

M : **Oh super! Qu'est-ce que c'est beau!** C'est une poupée japonaise, n'est-ce pas?

Y : Oui, j'espère que ça te plaît.

M : Bien sûr, je trouve ça magnifique. Merci beaucoup, Yoko.

### 語彙

| | クリスマス（結婚の）プレゼント | （人）に贈り物をする | 祝う |
|---|---|---|---|
| 英 | Christmas (wedding) present | to give〜a present | to celebrate |
| 仏 | cadeau de Noël (mariage) *m.* | faire un cadeau à〜 | fêter |

## プレゼント

◎英語で「プレゼント」は present。gift もありますが、これは Christmas gift とか儀礼的な贈り物で、日常のちょっとした贈り物は present です。

●仏語では cadeau が一般的な語で、présent もありますが、英語とは逆にこちらが厳粛な祝い事の贈り物です。

◎プレゼントを手渡す時はどう言うんでしょうね。英語は This is for you. とか I have something for you. あるいは Here is a little present for you. なんて言えばいいんですが。

●仏語も同じですね。C'est pour vous. とか J'ai quelque chose pour vous. あるいは Voilà un petit cadeau pour vous.

◎英語にだって謙譲表現はあるわけで、little や small で「ささやかな」という意味をこめることがよくあります。

●仏語の petit にもそういう意味があります。petit は名詞の前に置かれて感情的なニュアンスをもつことが多い。ma petite Louise「かわいいルイーズ」のような愛情表現になったり、un petit vin「安ワイン」のように逆に軽蔑的なニュアンスをもったりします。

◎英語でそういう感情的なニュアンスを持つのは little ですね。pretty little girl「かわいい女の子」とか。それにたいして small は客観的に「小さい」の意味です。

● petit は普通は名詞の前に置くんですが、客観的に「小さい」ことを言いたければ名詞の後に置くこともあります。un petit garçon は「男の子」ですが、un homme petit といえば「小柄な男」のことです。

### 「なんてきれいなんでしょう！」

◎さてプレゼントをもらったら May I open it? と言って、その場で開くのが西洋式のマナーですね。

●はい。そしてすばらしいと言って褒めるんですが、そこで感嘆文の登場です。Qu'est-ce que c'est beau! あるいは Que c'est beau! 仏語は que を使う他に疑問形容詞の quel や副詞の comme を使う言い方もあるんです。下で整理しましょう。

◎英語は Wow! It's really beautiful! となっていますが、もちろん感嘆文を使って How beautiful (it is)! と言ってもいいです。でもちょっと大げさな感じで、場合によっては皮肉っぽく聞こえることもあるので注意した方がいいようです。

●「賛嘆」を意味する形容詞はいろいろあって、もちろんそれらを使ってもいいです。C'est magnifique (formidable, superbe, merveilleux, génial). ちょっとくだけて super とか terrible。

◎英語にも似たような語彙がありますね。magnificent, fantastic, great, wonderful, marvelous, superb, super. ただ terrific には「賛嘆」の意味はありますが、英語の terrible にはその意味はありません。

---

### 文法と表現

■ 感嘆文

- What an idea!
- What a beautiful flower it is!
- How pretty she is!

- Quelle idée!（仏語は冠詞をつけない）
- Quelle belle fleur!
- Qu'elle est jolie!
- Comme elle est jolie!

## まとめ5
### ■ 空似言葉（faux amis/false friends）

　異なる言語の間で，綴り字が同じだったり，似ている語が異なる意味を持つ場合があり，これらを「空似言葉（faux amis/false friends）」と呼びます。英語とフランス語の間では，語源を同じくしながら，別の意味をもつに至ったこうした「空似言葉」が数多くあり，注意が必要です。英仏語の「空似言葉」をみると次のようなケースが考えられます。

#### 1）フランス語と英語が完全に異なる意味を持つ場合

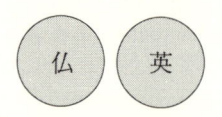

　　*ex.* lecture はフランス語は「読書」，英語は「講義」

#### 2）フランス語と英語の一部が共通の意味を持つ場合

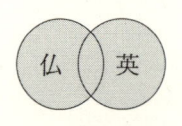

　　*ex.* 仏語の sympathique と英語の sympathetic は医学用語で共に「交感神経の」の意味があるが，日常的な意味では仏語は「感じのよい」，英語は「同情的な」で意味が異なる。

#### 3）フランス語の方が英語より意味が狭い場合

　　*ex.* 英語の stock は，「在庫品」の意味の他に，「株式」「切り株」「血統」などの意味で使われるが，仏語の stock は「在庫品」の意味でしか使われない。

#### 4）英語の方がフランス語より意味が狭い場合

　　*ex.* 仏語の thème は「主題，テーマ」の他に「（他国語への）翻訳」の意味でも使われるが，英語の theme は「主題，テーマ」の意味でしか使われない。

　なお語源が異なり，単なる偶然で同じ綴りを持つ場合がありますが，これらは普通は「空似言葉」とは呼ばず，意味の誤解を招くことも稀です。

|  | フランス語 | 英語 |
|---|---|---|
| four | かまど | 4 |
| mine | 顔色 | 私のもの |
| ours | 熊 | 我々のもの |

主な空似言葉の例を挙げましょう。

◆フランス語

| | | |
|---|---|---|
| actualités *f.pl.* | ニュース | |
| actuel | 現在の | |
| blesser | 傷つける | |
| caméra *m.* | 撮影機 | |
| car *m.* | 観光（長距離）バス | |
| cave *f.* | 地下室 | |
| conducteur *n.* | 運転手 | |
| correspondance *f.* | 乗換え | |
| crayon *m.* | エンピツ | |
| défendre | 禁止する | |
| embrasser | キスをする | |
| essence *f.* | ガソリン | |
| expérience *f.* | 実験 | |
| formidable | 素晴らしい | |
| habit *m.* | 礼服 | |
| histoire *f.* | 物語 | |
| journal *m.* | 新聞 | |
| large | 幅の広い | |
| lecture *f.* | 読書 | |
| librairie *f.* | 書店 | |
| magasin *m.* | 商店 | |
| monnaie *f.* | 小銭 | |
| photographe *n.* | 写真家 | |
| physicien *n.* | 物理学者 | |
| raisin *m.* | ブドウ | |
| rester | とどまる | |
| résumer | 要約する | |
| sensible | 敏感な | |
| société *f.* | 会社 | |
| stage *m.* | 研修 | |
| sympathique | 感じのいい | |
| user | すり減らす | |
| voyage *m.* | 旅行 | |

★ 英語

| | | |
|---|---|---|
| actuality | 現実 | |
| actual | 現実の | |
| to bless | 祝福する | |
| camera | カメラ | |
| car | 自動車 | |
| cave | 洞穴 | |
| conductor | 車掌，指揮者 | |
| correspondence | 「照応」「通信」の意味は共通 | |
| crayon | クレヨン | |
| to defend | 「防御する」の意味は共通 | |
| to embrace | 「抱擁する」の意味は共通 | |
| essence | 「本質」の意味は共通 | |
| experience | 「経験」の意味は共通 | |
| formidable | ぞっとするような | |
| habit | 習慣 | |
| history | 「歴史」の意味は共通 | |
| journal | 「日誌」の意味は共通 | |
| large | 大きい，広い | |
| lecture | 講義 | |
| library | 図書館 | |
| magazine | 雑誌 | |
| money | お金 | |
| photograph | 写真 | |
| physician | 医者 | |
| raisin | 干しブドウ | |
| to rest | 休息する | |
| to resume | 再開する | |
| sensible | 良識のある | |
| society | 「社会」「付き合い」の意味は共通 | |
| stage | 舞台，段階 | |
| sympathetic | 同情的な | |
| to use | 用いる | |
| voyage | 航海 | |

# VI章　会話を進めるための表現

[CD 51]

## 51. 話しかける時

● 指定席
■ 所有代名詞

■ ジャックが買った劇場の指定席に，誰かがすわっています。

ジャック：すみません，ここ僕の席だと思いますけど。

女性　　：いいえ，私の席ですよ。

ジャック：これ僕のチケットですけど，F24って，ちゃんと書いてありますよ。

女性　　：まあ，あなたの言うとおりだわ。私のはE24ね。

---

J : **Pardon me, ma'am**, but I think this is my seat.

W: Oh no, it isn't. It's mine.

J : Look. Here is my ticket. It says F-24 right here.

W: Oh yes, you are right. Mine is E-24.

(W =woman)

J : **Pardon Madame**, je crois qu'ici, c'est ma place.

D: Ah non, c'est la mienne.

D: Voilà mon billet. C'est bien écrit F-24.

D: Ah oui, vous avez raison. La mienne, c'est E-24.

(D =dame)

### 語彙

| | 指定席 | 席につく | ～に席を譲る |
|---|---|---|---|
| 英 | reserved seat | to take (have) a seat | to offer one's seat to ～ |
| 仏 | place réservée f. | prendre place | céder sa place à ～ |

## 「すみません」

● さて残りの課では会話を円滑にすすめるために知っておくべき表現をいろいろ考えてみたいと思います。話しかける時，ためらった時，どう言っていいかわからない時など，いわば会話を成立させるためのやりとりの中で，ちょっとした言い方が相手に対する印象をまるで変えてしまうということがしばしばあります。とかく軽視されがちな問題ですが，コミュニケーションを考えるうえでは重要な問題です。

◎ 例えば話しかける時に，相手がどんな人かによって表現を変えなければいけないというようなことですね。

● そう。通りで道を聞くときに Hé, vous là-bas! などと話しかけたら間違いなく無視されるだろうし，つきあっていつまでも Monsieur と話しかけていたら「なんてよそよそしい人だろう」と失望されかねません。状況にあった適切な表現をぜひとも知っておく必要があります。

◎ 英語では知らない人や目上の人など丁寧に話しかけたい時は，男性には sir，女性には既婚でも未婚でも ma'am を使いますね。ma'am は生徒が女の先生に話しかける時もよく使います。madam という呼びかけもしますが ma'am より丁寧です。

● 仏語はよく知られているように男性には Monsieur，既婚の女性には Madame，未婚女性には Mademoiselle。ただ未婚の女性でも年輩の女性とか店員がお客に接するような場合は Madame が使われます。Madame は女性一般に対する敬称と考えられますから。

◎ 友達同志だったら，もちろんファースト・ネームで話しかけますね。くだけた表現では Hey，女性は Hi って言いますけど。

● 仏語はくだけると Hé。

◎ 愛情表現だったら Darling とか Honey。

◎ 愛情表現だったら仏語はたくさんあります。mon (ma) chéri(e) とか, mon petit lapin, mon (petit) chou...。

◎ 「私のかわいいキャベツ」ですか！

● それから，話しかけるというよりは注意の喚起と言った方がいいかもしれませんが，dire「言う」という動詞を使って,「ねえ」ぐらいの意味で, Dis とか Dites とか言いますね。

◎ 英語も Say を使います。場合によっては Listen, Look, Please なども注意の喚起と言えるでしょうね。

● あと，前にも言いましたが，レストランでボーイを呼ぶとき Garçon! などと言わないこと。Monsieur, s'il vous plaît!

## 「僕の席」

● 「僕の席」は C'est la mienne. la mienne は所有代名詞。代用するものの性・数によって形が違います。下で整理しましょう。「～のもの」という所有を表す時は Elle (la place) est à moi. のように，前置詞の à ～を使う言い方もよくします。

◎ It belongs to me. は少し硬い言い方です。

### 文法と表現

■ 所有代名詞 — 仏語は代用する物の性数（男単/女単/男複/女複）によって形が変化

- 私のもの　　　　le mien/la mienne/les miens/les miennes (mine)
- 君のもの　　　　le tien/la tienne/les tiens/les tiennes (yours)
- 彼（彼女）のもの　le sien/la sienne/les siens/les siennes (his, hers)

## 52. 相手の言う事がわからない時

● エイズ
■ 否定の表現

■ 洋子とマリオンがテレビのニュースを見ています。

マリオン：またシダのニュースだわ。
洋子　　：シダってどういう意味なの。
マリオン：知らないの？「後天性免疫不全症候群」のこと。
洋子　　：何ですって。もう一度言ってくれない？
マリオン：「後天性免疫不全症候群」。英語では「エイズ」と言うわ。

M: SIDA again! They always talk about it.

Y: What does SIDA mean?

M: You don't know? It's the abbreviation of "syndrome immuno-déficitaire acquis."

Y: **Pardon? Could you repeat it again?**

M: "Syndrome immuno-déficitaire acquis." In English, it's called "AIDS."

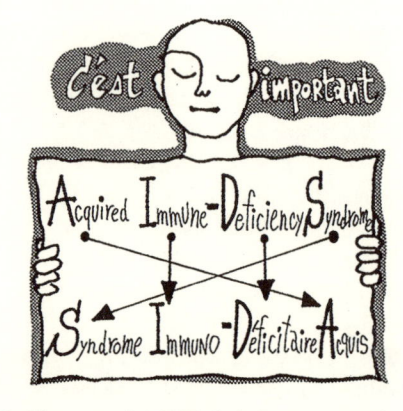

M: Encore le SIDA! On ne parle que de ça.

Y: Qu'est-ce que ça veut dire, SIDA?

M: Tu ne sais pas? C'est l'abréviation de "syndrome immuno-déficitaire acquis."

Y: **Pardon? Tu peux répéter encore une fois?**

M: "Syndrome immuno-déficitaire acquis." En anglais, ça se dit "AIDS."

### 語彙

|   | 伝染病 | 〜を予防する | 検診 | コンドーム |
|---|---|---|---|---|
| 英 | contagious disease | to prevent | checkup | condom |
| 仏 | maladie contagieuse *f.* | prévenir | dépistage *m.* | préservatif *m.* |

## 「またシダのニュースだわ」

● 仏語の On ne parle que de ça. の ne〜que は「〜でしかない」という限定的な否定を表します。
◎ 英語にはそういう否定の形はなく, only とか always で表現するしかありません。They always talk about it.
● 否定の形はいろいろあります。よく使いますから下で整理しましょう。

## 「シダってどういう意味？」

● 相手の言うことが理解できないことはよくあります。そういう時黙り込んでしまわないで, わからなかったということをきちんと伝えることが大切です。そして聞き返したり, 積極的に質問していくことがコミュニケーションを円滑にする秘訣です。
◎ まず相手の言うことがよくわからなかったら, Sorry? とか What did you say? あるいは I couldn't hear that.
● 仏語だったら Pardon?, Qu'est-ce que vous avez dit? あるいは Je n'ai pas saisi ce que vous avez dit. とも言えます。くだけた言い方では Comment? とか Quoi?
◎ それから恥ずかしがらないでもう一度繰り返してくれるよう頼むことも大事ですね。Could (Would) you say that again?

● Vous pouvez répéter, s'il vous plaît?
◎ 英語では I beg your pardon? を上昇調で言えば「繰り返してください」の意味になることはよく知られていますね。
● さて, わからなかったら当然意味を尋ねることになります。仏語は「〜を意味する」は signifier か vouloir dire を使います。Que signifie (veut dire) 〜?「〜はどういう意味ですか？」。「それはどういう意味ですか？」は Qu'est-ce que ça veut dire (signifie)? と言えばいい。あるいは Quel est le sens de ce mot?「その語の意味は何ですか？」。
◎ 英語は What does 〜 mean? あるいは What is the meaning of this word? です。

## エイズ

● さてエイズですが, アメリカでは事態はもちろん深刻ですが, フランスもヨーロッパでは感染者が最も多い。テレビでもよくコンドーム（préservatif）の宣伝をして注意を呼びかけています。ところで英語の AIDS は何の略語なんですか？
◎ Acquired Immune Deficiency Syndrome。語は同じですが語順が違うために AIDS が仏語では SIDA になるんですね。

---

### 文法と表現

■ 否定の表現

| | | |
|---|---|---|
| ・決して〜ない | -I've *never* seen him. | -Je *ne* l'ai *jamais* vu. |
| ・もはや〜ない | -I *don't* have money *any more*. | -Je *n'*ai *plus* d'argent. |
| ・全然〜ない | -I *don't* know him *at all*. | -Je *ne* le connais *pas du tout*. |
| ・〜も〜もない | -I have *neither* wife *nor* child. | -Je *n'*ai *ni* femme *ni* enfant. |
| ・何も〜ない | -I have *nothing* to do. | -Je *n'*ai *rien* à faire. |
| ・誰も〜ない | -*Nobody* has come. | -*Personne n'*est venu. |
| ・どの〜もない | -*No* pupil knows it. | -*Aucun* élève *ne* le sait. |

## 53. ゆっくり言ってほしい時

● コインランドリー
■ 指示代名詞

■ 洋子がコインランドリーに来ています。

洋子：すみません，この乾燥機の使い方を教えてくれませんか？

男　：いいですよ。合成繊維にはこのボタン，綿や麻にはこのボタンを押してください。

洋子：すみません，よくわからなかったのでもう一度ゆっくり言ってください。

Y: Pardon, sir. Could you show me how to use this dryer?

M: OK. Press this button for synthetic fabrics and that for cotton and linen.

Y: I'm sorry. I didn't understand very well. **Could you speak more slowly, please?**

(M =a man)

Y: Pardon, Monsieur. Pourriez-vous m'expliquer comment je dois me servir de ce séche-lange?

H: Oui, bien sûr. Appuyez sur ce bouton pour les textiles synthétiques et sur celui-là pour le coton et le lin.

Y: Excusez-moi, je n'ai pas bien compris. **Pourriez-vous parler plus lentement, s'il vous plaît?**

(H =un homme)

### 語彙

| | コインランドリー | クリーニング屋 | 洗濯する | 洗濯機 |
|---|---|---|---|---|
| 英 | laundromat | laundry | to wash | washing machine |
| 仏 | laverie automatique *f.* | blanchisserie *f.* | laver | machine à laver *f.* |

## 「ゆっくり言ってください」

●相手の話が速すぎてついていけないということがよくありますね。大体フランス人は早口で、外国人だからといって容赦しない。こちらの能力におかまいなくまくしたてられて閉口することがあります。「ゆっくり言ってください」と頼むしかありません。
◎前の課でもでましたが、あなたの言うことがわからなかったと、まず告げる必要がありますね。I'm afraid I don't understand. この I'm afraid は「申し訳ないんですが」くらいの意味です。あるいは I can't understand you.
●仏語も Je ne vous comprends pas. あるいは Je ne comprends pas ce que vous dites.
◎「あなたは速く話しすぎます」とはっきり言うんだったら You're speaking too quickly for me. のように言えばいい。
● Vous parlez trop vite pour moi.
◎そして「もっとゆっくり」とお願いするんだったら、Could you speak more slowly, please? あるいはちょっとくだけて Slower, please. とか。
●仏語は会話文のように言うか、Pas si vite, s'il vous plaît. のように言うこともできます。
◎英語がへたなのに、ちょっとしゃべると普通に話せると思われてまくしたてられることってありますよね。そこで Sorry, my English isn't very good. と最初に牽制しておくのも手かもしれません。
●なるほど。Excusez-moi, mon français n'est pas très bon. と言うわけですね。あといくらゆっくり言ってもらってもわからないから綴りを言ってほしい、その単語を書いてほしいという時がありますよね。そんな時は Pourriez-vous épeler ce mot? とか Pourriez-vous me l'écrire?
◎ Could you spell that? あるいは Could you write that down? ですね。私たちは綴りを頭に浮かべないと落ちつかないってところ、確かにあります。

## 「このボタンを押してください」

●「ボタンを押す」は appuyer sur le bouton。カメラのシャッター (le déclencheur) を押す時も appuyer sur〜。
◎英語は push を使います。「シャッターを押す」も push the shutter. 強く押しつけるようなボタンは press the button, 軽く触れるようなボタンは touch the button とも言いますが。
●面白いですね。ところで「このボタン」のところで、仏語は celui-là という指示代名詞を使っています。下で整理しましょう。

### 文法と表現

■ 指示代名詞

・仏語の指示代名詞は性数によって celui, celle, ceux, celles の四つの形があり、いずれも、de＋名詞か対比を示す -ci, -là か関係節を伴って用いる。
 -mon auto et *celle de* ma femme (my wife's and my car) 私の車と妻の車
 -J'aime *celui-ci* mieux que *celui-là*. (I like this better than that.) これ/あれ
 -*Ceux-ci* coûtent plus cher que *ceux-là*. (These cost more than those do.)
 -*celui dont* je t'ai parlé (the one I told you about) 私が君に話した人（もの）

## 54. フランス語で どう言うかわからない時

● 語彙
■ 不定代名詞の on

■ 洋子がマリオンにフランス語の単語について質問しています。

洋子　　：マリオン,「寒がりや」のことをフランス語でなんて言うの？

マリオン：frileux。どうして？　あなた寒がりやなの？

洋子　　：ううん,ただ単語を知りたかっただけ。それで frileux の反対は？

マリオン：あっ,いい質問ね。知らないわ。ないんじゃないかな。

Y: Marion, **how do you say** "samugariya" in French?

M: Frileux. Why? Are you "frileuse"?

Y: No, I just couldn't think of the word. And what is the opposite of "frileux"?

M: Oh, that is a good question. I don't know. There's no word for that, I believe.

Y: Marion, **comment dit-on en français** "samugariya?"

M: Frileux. Pourquoi? Tu es frileuse?

Y: Non, je cherchais le mot, c'est tout. Et quel est le contraire de "frileux"?

M: Tiens! C'est une bonne question. Je ne sais pas. Il n'y a pas de mot, je crois.

### 語彙

| | 単語 | 語彙を増やす | 同義語 | 反義語 | 意味 |
|---|---|---|---|---|---|
| 英 | word | to increase one's vocabulary | synonym | antonym | meaning |
| 仏 | mot *m.* | enrichir son vocabulaire | synonyme *m.* | antonyme *m.* | sens *m.* |

### 「フランス語でなんて言うの？」

●外国語を習得する時避けて通れないのはなんといっても語彙の問題です。語彙を増やすためにどうするか，誰もが悩む問題です。例えば知らない語や表現を仏語で何というか尋ねるのはもっとも単純でかつ有効な手段です。そんなとき Comment dit-on en français～? という表現を覚えておくと便利です。～を en français の前にもってきてもいいです。
◎英語だと How do you say～in French? ですね。なお言語名は英語では大文字になります。
●それから何かの名前がわからないときの表現も覚えておくといいと思います。「この花はフランス語でなんと言うんですか？」Comment est-ce qu'on appelle cette fleur en français?
◎What do you call this flower in French? ですね。あるいは What is the French word for this flower? という聞き方も可能です。ところで仏語の on についてちょっと説明してください。
●on は不特定の人を漠然と表す不定代名詞です。会話の中ではよく nous の代用として使われます。
◎英語の不定代名詞 one に相当するわけですね。でも one はむしろ文語的で，口語では you や they の方がよく使われるんですが。
●下で例文を挙げてみましょう。

### 「frileux の反対」

●仏語には frileux「寒がりや」の反意語はないんですが，英語はどうなんですか？
◎さあ，英語にはそもそも「寒がりや」frileux に当たる単語もないと思いますね。He is very sensitive to cold. のように言うしかないでしょう。
●反意語はしばしば接頭語をつけてつくることができます。仏語だと in(im)- とかdé(dés)-, a- のような接頭語ですね。actif/inactif, prudent/imprudent, agréable/désagréable, normal/anormal とか。
◎英語の代表的なのは un- ですね。happy/unhappy, fair/unfair, fortunate/unfortunate などがその例です。

### 「単語を知りたかっただけ」

●「単語を知りたかっただけ」のところは会話文の英語と仏語が少し違いますね。仏語は chercher「探す」を半過去にして, Je cherchais le mot, c'est tout. 「ただ探していただけ」という表現です。
◎英語は think of～「～を思いつく」を使って「ただその単語を思いつかなかっただけなんです」と言いたいんですね。
●結局同じ意味になりそうです。

---

### 文法と表現

■ 不定代名詞の on

-*On* ne meurt qu'une fois. (*A man* can only die once.) 人は～
-*On* dit qu'elle est folle. (*They* (*People*) say that she's mad.) ～だそうだ。
-*On* frappe à la porte. (*Someone's* knocking at the door.) 誰かが～
-Où va-t-*on*? (Where are *we* going?) 私たちは～
-Alors, *on* s'en va comme ça? (Are *you* really leaving like this?) 君は～

## 55. 出来事を順序よく話す時

● 料理
■ 使役・放任の動詞

■ マリオンがジャックに料理の説明をしています。

ジャック：この牛肉の赤ワイン煮，本当においしいね。どうやってつくったの？

マリオン：とても簡単よ。**まず**ぶつ切りにした牛肉とベーコンとたまねぎをいためて，**それから**ワインとブイヨンを加え，塩，胡椒をして，**最後**にそれを3時間弱火で煮込むの。

ジャック：君は本当に料理の名人だね。

J : This beef bourguignon is delicious. How did you make it?

M: It's very simple. **First**, you fry beef chunks, bacon and onions together. **Then**, you put some red wine and bouillon, and add some salt and pepper. **Finally**, you let it simmer three hours. That's all.

J : You're such a great cook.

J : C'est délicieux, ce bœuf bourguignon. Comment tu l'as fait?

M: C'est très simple. **D'abord**, tu fais revenir du bœuf coupé en gros morceaux, des lardons et des oignons. **Ensuite**, tu mets du vin rouge et du bouillon, et tu ajoutes du sel et du poivre. **Enfin**, tu laisses mijoter 3 heures à feu doux. C'est tout.

J : Tu es un vrai cordon-bleu.

### 語彙

| | フランス料理 | 料理をする | レシピ | 〜を賞味する |
|---|---|---|---|---|
| 英 | French cuisine | to cook | recipe | to taste |
| 仏 | cuisine française *f.* | faire la cuisine | recette *f.* | déguster |

## 「おいしい」

●さて，フランス料理の話です。bœuf bourguignon はブルゴーニュの地方料理ですね。このあたりはワインやエスカルゴの名産地で料理がおいしい地方のひとつです。特に赤ワインをたっぷり使った牛肉の煮込みはとてもおいしいものです。この「おいしい」という言い方は délicieux，あるいは excellent。もっと簡単に，C'est très bon. と言ってももちろんいいです。
◎英語は delicious。good や nice も使えます。
●「おいしそうな」と言うんだったら appétissant という言葉もありますね。「食欲 appétit をそそる」という意味です。un plat appétissant「おいしそうな料理」。
◎英語は appetizing かな。
●仏語の plat は「料理」でも皿に盛られた一品の「料理」のこと。作り方としての「料理」は cuisine です。

## 順序だてて話す

●ここでは料理の手順を説明しているわけですが，ものごとを順序だてて説明する時は，「まず」とか「次に」「最後に」といった，時間や因果関係を示す接続語を入れるとわかりやすくなります。ぜひ覚えておきたい表現です。話の導入には，「まず」d'abord や，「最初に」premièrement, en premier lieu といった表現が考えられますね。
◎英語は first(ly) や first of all, in the first place。あるいは to begin (start) with なんて言い方もあります。
●「それから」と話を展開するときは alors や et puis, ensuite, après。premièrement で始めたら deuxièmement「第二に」という場合が多い。
◎英語は then とか next，そして second(ly) や in the second place かな。
●そして最後が結論，締めくくりですね。enfin とか finalement。あるいは à la fin。
◎英語は lastly か finally。そして in the end。

## 「いためる」

●料理用語には独特の言い回しがあって面白いと思います。例えばこの「いためる」という言い方ですね。faire revenir と言う。
◎英語は fry。日本語でフライというと「揚げる」ことですが，fry は「いためる」こともいいます。油を使って加熱調理することでは同じですからね。
●なるほど。それから mijoter はとろ火でゆっくり煮ることです。
◎英語は simmer と言います。ところで料理の名人のことを「コルドン・ブルー」って言うんですか？
●ええ。特に女性で料理が上手な人のことをいいます。

---

### 文法と表現

■ 使役・放任の動詞

| | | |
|---|---|---|
| -He made us laugh. | -Il nous a fait rire. | 彼は我々を笑わせた。 |
| -Make him read this letter. | -Faites-lui lire cette lettre. | 彼に手紙を読ませなさい。 |
| -He let her go. | -Il l'a laissée partir. | 彼は彼女を行かせた。 |
| -Leave me to do it. | -Laissez-moi le faire. | 私にそれをさせてください。 |

## 56. まとめたい時

● 友達
■ 不定詞構文と接続詞構文

■ マリオンがジャックに，長々と友人の話をしています。

マリオン：それで彼女は彼と別れようとしたんだけど...

ジャック：ちょっと，マリオン，その話はもううんざりだよ。**一言で言うと**彼女は何が望みなの？

マリオン：本当はずっと彼に愛して欲しいのよ。

ジャック：そんなことだろうと思っていたよ。

M: So, she wanted to leave him but...

J: Hold it, Marion. I've had it. **In a word**, what does she want exactly?

M: In fact, she wants him to love her forever.

J: There! I thought so.

M: Alors, elle a voulu le quitter, mais...

J: Arrête, Marion. J'en ai marre de cette histoire. **En un mot**, qu'est-ce qu'elle veut exactement?

M: Eh bien, en fait, elle voudrait qu'il l'aime pour toujours.

J: Je m'en doutais!

### 語彙

|   | 友達 | 恋人 | ～と知り合いになる | ～とつき合う |
|---|---|---|---|---|
| 英 | friend | boy (girl) friend | to meet～ | to go out with |
| 仏 | ami(e) | petit(e) ami(e) | faire connaissance avec～ | fréquenter |

### 「それで」

● ここの「それで」は単に順序を述べているんではなく、「そういうことがあって、そのために」というニュアンスですね。結果を表す。仏語だったら alors が適当です。
◎ 英語は so。I'm tired, so I went home early.「疲れたので早く家に帰った」のような場合によく使いますね。therefore も同じ意味ですが、so より硬い文章語です。
● alors を使って、Et alors! というと「だからどうしたというんだ」という皮肉っぽい言い方になります。
◎ So what! が同じ意味ですね。

### 「うんざりしている」

● en avoir marre de〜は「〜にうんざりしている」という熟語です。ちょっとくだけた言い方。もう少しきちんと言うなら en avoir assez de〜。
◎ 英語の I've had it. もくだけた言い方で「うんざりした」の意味です。I'm fed up. とも言います。
●「ちょっと」はここでは「もうやめろよ」の意味ですね。だから Arrête, Marion.
◎ 英語の Hold it. はくだけた言い方で「ちょっと待って」ぐらい。Stop! でもいい。

### 「一言で言うと」

● 話をしていって最後にまとめたい時、要約したい時どう言うかですね。「一言で言うと」は仏語ではそのまま en un mot という言い方ができますけど。
◎ 英語も in a word でいいです。あと「手短かにいうと」in short, in brief,「かいつまんで言うと」to sum up なども言えますね。
● なるほど。「手短かに言うと」は仏語は en bref とか enfin, bref なんて言うでしょうね。あと「要約すると」だったら, en résumé とか Pour résumer, je dirai que... なんて言えばいい。

### 「そんなことだろうと思っていたよ」

● 最後の「そんなことだろうと...」のところで英語の There! ってのは何ですか？
◎ 間投詞的に使われているんですが、「ほらね, 言った通りだろう」ぐらいの意味ですね。There you are! ともよく言います。
● 仏語の voilà! にあたりそうですね。
◎ 仏語の Je m'en doutais! がピンときません。douter は英語の doubt「疑う」でしょう？
● 確かに仏語の douter も「疑わしく思う」ですが, se douter de〜という代名動詞は「〜に気付く」という意味なんです。だから「そのこと (en) に気づいていた, そんなことだろうと思っていた」になるんです。

---

### 文法と表現

■ 不定詞構文と接続詞構文

・一つの文中に, 意味上の二つの異なる主語がある時, 仏語は接続詞構文をとるのが普通だが, 英語では不定詞構文が可能である。次の例を比較すること。
-She wants him to love her. -Elle veut qu'il l'aime. 彼女は彼に愛してほしい。
-I wish Paul to come.  -Je désire que Paul vienne. 私はポールに来てほしい。
ただし-I hope Paul will succeed.  -Je souhaite que Paul réussisse.
 (I hope Paul to succeed. は不可)  (Je souhaite à Paul de réussir. も可)

## 57. 考える時間が欲しい時

● 約束
■ 大過去

■ ジャックがマリオンをスキーに誘っていますが...

ジャック：ねえ，マリオン，週末スキーに
　　　　　行かないか？
マリオン：スキーに？そうねえ...
ジャック：どうしたの。行きたいって言っ
　　　　　てたくせに。
マリオン：**待って。少し考えさせて**...い
　　　　　いわ。行きましょう。

J : Listen, what do you say we go skiing this weekend?

M: Go skiing? Well...

J : But why not? You said that you wanted to go, didn't you?

M: **Wait. Let me think it over a minute**... Yeah, OK. Let's go.

J : Dis, Marion, si on allait faire du ski ce week-end?

M: Faire du ski? Ben, c'est-à-dire que...

J : Pourquoi? Tu avais pourtant dit que tu voulais y aller.

M: **Attends voir ! Laisse-moi un peu réfléchir**... Bon, c'est d'accord. On y va.

### 語彙

| | 約束する | 約束を守る（破る） | ～と会う約束をする |
|---|---|---|---|
| 英 | to promise | to keep (break) one's promise | to make an appointment with～ |
| 仏 | promettre | tenir (manquer à) sa promesse | fixer un rendez-vous à～ |

### 「スキーに行く」

●「スキーに行かないか」という勧誘の表現はもう何度もでましたね。仏語は si＋半過去？がよく使われます。
◎英語は How about〜? を何度も使いましたが，ここでのように What do you say〜? あるいは What do you say to doing〜? という言い方も覚えておくといいです。
●「スキーをする」は faire du ski。一般に「スポーツをする」は faire du sport。スポーツは部分冠詞を使います。faire du rugby（ラグビー），faire de la voile（ヨット）。ゲームとしてのスポーツをするんだったら，jouer à を使って jouer au tennis（テニス）とか jouer au football（サッカー）と言います。
◎英語は play tennis や play football。スポーツ名は普通無冠詞です。スキーやヨットは play は使わず，go skiing や go sailing という言い方をしますけどね。
●欧米の「スポーツ sport」は狩猟や魚釣り，競馬なども含み，日本のいわゆるスポーツの概念より広い意味で使われていると思いますね。フランスではサッカーや自転車競技（cyclisme）に人気があり，特に毎年夏に行われる Tour de France という自転車競技はフランスの国民的行事といえるほどの人気です。スキーはグルノーブル，シャモニーやピレネーなどでできます。

### 「そうねえ」

●答につまってしまうような時がよくあります。「ええーと，そのう...」などと時間稼ぎをしたい時は，Euh...とか Eh bien, Alors, Ben...のように間投詞で間をもたせたり，あるいは c'est-à-dire que...「つまりそのう...」と語尾を曖昧にしたりすればいい。
◎英語は Er...とか，Well..., Let me see...
●会話文のようにもっとはっきり「少し考えさせてください」と言ってもいい。Laissez-moi un peu réfléchir. この文の前の Attends voir! は「（すぐに言うから）ちょっと待ってね」ぐらいの，少しくだけた言い方です。とにかくフランス人との会話の中で沈黙というのはどちらかというと避けるべき事態なんですね。会話がふと静まりかえると誰かが An ange passe.「天使が通る」と言ってその沈黙を急いで埋めようとするのも，その沈黙恐怖の表れなんじゃないかという気がします。言うことをためらっても黙ってしまわないで，そのためらいを何とか言葉で表現するのが，フランス人との会話で大事な事だと思います。

### 「行きたいって言っていたくせに」

●仏語の Tu avais pourtant dit...は大過去の用法。マリオンがスキーに行きたいと言っていたからジャックは誘ったわけで，その二つの事柄には強い関連性がある。そんな時，先行する事実に大過去を使うんですね。「こう言っていたじゃないか」などと口喧嘩する時，よく大過去を使うんです。

### 文法と表現

■ 大過去（英語の過去完了）
-Quand je suis arrivé à la gare, le train *était* *déjà* *parti*. (When I arrived at the station, the train *had* already *left*.) 駅に着いた時，汽車はすでに出発していた。

## 58. 念を押す時

● キャンセル
■ 場所の前置詞

■ 洋子がマリオンに明日の約束を確認していますが...

洋子　　：じゃあ，明日10時に郵便局の前で待ち合わせね。

マリオン：あのう，実は行けなくなったの。明日ジャックとスキーに行くことにしたから。急に断ったりして本当にごめんね。

洋子　　：いいから，気にしないで。またこの次ね。

Y: So, our meeting is tomorrow, 10 a.m., in front of the post office, **right**?

M: Um, I mean I can't come, because tomorrow I'm going skiing with Jack. I'm very very sorry about this change of plans, Yoko.

Y: Oh, don't worry about it. Some other time, **huh**?

Y: Alors, notre rendez-vous, c'est demain à dix heures devant la poste, **n'est-ce pas**?

M: Euh, c'est-à-dire que je ne peux pas venir. Car demain, je pars pour faire du ski avec Jacques. Je suis vraiment désolée de ce contretemps, Yoko.

Y: Oh, ne t'en fais pas. Ce sera pour une autre fois, **hein**?

### 語彙

| | 待ち合わせ | ～をキャンセルする | ～を延期する | ～を変更する |
|---|---|---|---|---|
| 英 | meeting | to cancel | to put off | to change |
| 仏 | rendez-vous *m.* | annuler | remettre | changer |

## 「待ち合わせ」

●「待ち合わせ」は，仏語は rendez-vous。便利な言葉で，病院や美容院の予約という意味でも，異性とのデートの意味でも，普通の会う約束にもなんでも使えます。「～と会う約束がある」という時にも，J'ai un rendez-vous avec～. のように言えます。
◎英語はそうはいきません。病院や美容院の予約だったら appointment，デートは date ですね。普通の待ち合わせは meeting なんかが使えそうですが，「～と会う約束がある」という時はむしろ動詞にして，I have to meet～という方が自然なようです。

## 念を押す

●仏語の n'est-ce pas? は文尾に付けて「そうでしょう？」と念を押すときに使います。日本語の「ね」に似ていると考えてやたらつけたがる人がいますが，「ね」よりはずっとはっきり，確かめるという意図をもった言い方ですから，あまり頻発するのは不自然です。かわりに，d'accord? とか vous ne croyez pas? あるいは non? とか hein? をつけて変化をもたせる方がいいと思います。
◎英語で仏語の n'est-ce pas? に近いのは付加疑問と言われるものですね。代名詞主語と動詞を倒置して文の末尾におきます。肯定文は否定形にし，否定文は肯定形にします。You know him, don't you? とか I haven't seen you before, have I? のような形です。上昇調で発音すると相手の同意を期待することになり，下降調にすると相手に念を押す言い方になるんです。念を押すには付加疑問を使う他に，ここの場合のように right? とか don't you think so? あるいは huh? などをつけるのは仏語と同じ。

## 「行けなくなった」

◎「行けなくなった」のところを，英語は I can't come. 仏語は Je ne peux pas venir. ともに日本語の「来る」に当たる動詞を使っているのは面白いですね。
●そうですね。aller は行き先を示さないと使えないんです。そして venir は日本語の「来る」と違って，《聞き手に向かって》の移動にも使えるんです。ここでは明日の約束の場に聞き手の洋子がいる場面を想い描き，そこに「行けない」と言っているんですね。
◎英語も同じように考えられます。「ごはんですよ」と呼ばれて，「今行きます」は I'm coming. come はやはり《聞き手のところ》に「行く」の意味があるんですね。I'm going. は言えません。

## 「気にしないで」

● Ne t'en fais pas. は s'en faire「心配する」という動詞です。s'inquiéter のくだけた言い回しでよく使います。それから contretemps は「思いがけない不都合」。

### 文法と表現

■ 場所の前置詞

| | | | | | | |
|---|---|---|---|---|---|---|
| ～の前に | in front of | /devant | | ～の間に | between | /entre |
| ～の後に | behind | /derrière | | ～のそばに | by | /près de |
| ～の上に | on | /sur | | ～の中に | in | /dans |
| ～の下に | under | /sous | | ～の外に | out of | /hors de |

## 59. 合いづちを打つ時

● 観戦
■ 強調構文

■ マリオンとジャックがサッカーを見にきています。

マリオン：サッカーの試合を実際に見るのは，私初めて。
ジャック：あ，そう？　どう，感想は？
マリオン：観客の喚声のすごさに驚いた。テレビで見るよりずっと興奮するわ。
ジャック：そうだろうね。だからこんなにたくさんの人が競技を見に来るんだ。

M: This is my first time seeing a real football game.

J : **Oh, really**? How do you find it?

M: I'm impressed by the spectators' cheers. It's more exciting than on TV.

J : **Uh-huh, I see**. That's why so many people come to see the games.

M: C'est la première fois que j'assiste à un vrai match de football.

J : **C'est vrai**? Tu trouves ça comment?

M: Je suis impressionnée par les cris des spectateurs. C'est beaucoup plus excitant qu'à la télévision.

J : **Oui, je te comprends**. C'est pour ça qu'il y a autant de gens qui se déplacent pour assister aux matchs.

### 語彙

|   | 試合 | 競技場 | スポーツをする | 勝つ | 負ける |
|---|---|---|---|---|---|
| 英 | match (game) | stadium | to enjoy sports | to win | to lose |
| 仏 | match *m*. | stade *m*. | faire du sport | gagner | perdre |

## 「見るのは初めて」

●英語の my first time seeing というのがピンとこないんですが。
◎ seeing は動名詞。仏語にはない形でしたね。動名詞の意味上の主語は所有格で表します。そして first time は「初めての」で seeing に形容詞的にかかっている。だから my first time seeing... は I see... for the first time. と言うのと同じなんです。
●なるほど。仏語は強調構文を使っています。C'est...que という形ですね。英語も強調構文はあるでしょうが、仏語の方がよく使う気がします。下で整理しましょう。
◎強調と言えば、動詞や名詞を強調したい時がありますね。英語では動詞を強調したい時は動詞の前に do や does, did をおきます。I do want to see that film again.「またぜひその映画を見たい」とか。(代)名詞の強調には He himself went to Paris.「彼自らパリに赴いた」のように oneself を付けたりします。
●仏語は助動詞を入れて動詞を強調するという用法はありませんね。(代)名詞の強調には強勢形を使うという方法があります。Moi, j'ai une voiture. moi は je の強調です。

## 「へえ、そう」

●日本人とフランス人の会話の違いなんですが、日本人は合いづちを打ったり、逆に相手の合いづちを聞かないと落ち着かないところがあると思いませんか。もちろん人にもよりますが、しょっちゅう「うんうん」、「そうそう」とか「なるほど」とうなずいている。お互い相手の同意なしでしゃべることが苦手なんだと思いますね。前に出た n'est-ce pas? をつけたがるのも同じ心理だと思います。フランス人の会話ではそうしたあまり意味のない合いづちはずっと少ないという気がします。ジーッとただ聞いている。気を悪くしたのかなと不安になっていると、突然 Oui, c'est ça. なんて言ってくれてほっとする。
◎なるほど、面白いですね。英語の合いづちの表現としては Really や I see がよく使われます。Uh-huh のような間投詞も一種の合いづちですね。
●仏語の Je vois. も「なるほど」になる。あと Je te comprends.「わかるよ」、Ah bon.「あ、そう」などもよく使われる合いづちの表現と言えるでしょうね。

## 「だから〜なんだ」

● C'est pour ça que〜は、強調構文で「〜なのはそのためだ」の意味です。C'est pourquoi〜といっても同じです。
◎後者が英語の That's why〜に相当します。why は the reason why の省略。

---

### 文法と表現

■ 強調構文

- It was *he* who (that) told me.　　- C'est *lui* qui me l'a dit.　　（主語の強調）
- It was *him* that I saw.　　　　　- C'est *lui* que j'ai vu.　　　　（目的語の強調）
- It was *because of the rain* that we came back.　- C'est *à cause de la pluie* que nous sommes revenus.　（状況補語の強調）

## 60. 相手に話を促す時

● 買い物
■ 中性指示代名詞 ça

■ 洋子がマリオンにちょっと頼みにくいことがあるようです。

洋子　　：こんなこと頼んでいいかどうか
　　　　　わからないんだけど...
マリオン：何なの？　遠慮しないで言って
　　　　　みて。
洋子　　：下着を買うのにつき合ってほし
　　　　　いの。
マリオン：なんだ，そんなことなの？　おや
　　　　　すい御用よ。

Y: I'm wondering if I can ask you a favor.

M: What's it about? **Go ahead, say it**.

Y: I'd like you to come with me to buy some underwear.

M: Oh, that's nothing. No problem!

Y: Je me demande si je peux te demander ce service.

M: De quoi s'agit-il? **Dis toujours**.

Y: J'aimerais que tu m'accompagnes pour acheter des sous-vêtements.

M: Oh, si ça n'est que ça, c'est sans problèmes!

### 語彙

| | 買い物に行く | ウィンドーショッピングをする | 値切る |
|---|---|---|---|
| 英 | to go shopping | to window-shop | to bargain |
| 仏 | aller faire des courses | faire du lèche-vitrines | marchander |

### 「頼む」

◎英語の ask には「尋ねる」と「頼む」の意味がありますが。
●仏語の demander も同じですね。Il me demande si j'aime la viande. と言えば「彼は私が肉を好きかどうか尋ねる」の意味だし，Je lui demande de m'aider. なら「私を助けてくれるよう彼に頼む」です。
◎英語は ask を使って，前者は He asks me if I like meat. 後者は I'll ask him to help me. になります。
●ただ「質問をする」という時 demander une question とは言えないんです。poser une question と言う。
◎そうなんですか。英語は ask a question と言えますが。
● se demander は代名動詞で「自分に尋ねる」，つまり「自問する，わからない」という意味になります。
◎英語の wonder 「～かしらと思う」にあたりますね。I'm wondering if... というのは丁寧な依頼の表現でもあるんですが，ここも結果として依頼ととれますね。

### 「何なの？」

●「何なの？」は De quoi s'agit-il? s'agir という代名動詞を非人称構文にして Il s'agit de～を「～が問題である」という意味でよく使います。Il ne s'agit pas d'argent. と言えば「お金が問題なんじゃない」。
◎英語は s'agir に相当する代名動詞的な表現はありませんから，It's not a question of money. 「何なの？」は What's it about? とか What's the matter? になりますね。

### 「遠慮しないで言ってみて」

●ここの「遠慮しないで」は「ともかく，一応」ぐらいの意味です。仏語は toujours。toujours は「いつも，相変わらず」という意味だけではなくて，「ともかく」の意味もあるんです。
◎英語は anyway。 anyhow や in any case と言っても同じ。あと Go ahead！も相手を促す時の表現としてよく使われます。
●仏語の Allez-y！という言い方ですね。
◎文字どおり「遠慮しないで」と言って促すんだったら，例えば Don't hesitate to ask if you want anything. 「欲しい物があったら遠慮しないで言いなさい」のように言えばいいと思います。
●「そんなことなの？」を仏語は Ça n'est que ça? なんて妙な言い方をしていますが「それはそんなことでしかないの？」というふうに考えればわかると思います。下で ça の用法をいろいろ挙げてみましょう。

---

**文法と表現**

■ **指示代名詞 ça** ── ça は指示代名詞で性数によって変化しない。cela の口語体。

| | | |
|---|---|---|
| -Je suis comme ça. | (I am like that.) | 私はこんなふうなのです。 |
| -Ça ne fait rien. | (It doesn't matter.) | たいしたことはありません。 |
| -Ça y est！ | (That's that！) | やったね！ |
| -C'est ça. | (That's right.) | そうです。 |
| -comme ci comme ça | (so so) | まあまあ。 |

## まとめ6
### ■ イディオム

#### 1. 時の表現

| ◆フランス語 | ★英語 | |
|---|---|---|
| à partir de | from～on | から以降 |
| au bout de | after | の後に（時間） |
| à la fois | at once | 同時に |
| d'abord | at first | まず |
| dans quelques jours | in a few days | 数日後に |
| d'avance | in advance | 前もって |
| de bonne heure | early | 早く（時間が） |
| de nouveau | again | 再び |
| depuis longtemps | for a long time | 長い間 |
| d'habitude | usually | 通常は |
| d'ordinaire | generally | 普通は |
| en même temps | at the same time | 同時に |
| il y a trois jours | three days ago | 3日前に |
| tout à l'heure | just now, soon | 今しがた，ほどなく |
| tout de suite | immediately | すぐに |
| toute la journée | all day long | 一日中 |
| un autre jour | some day | いつか |

#### 2. 場所の表現

| | | |
|---|---|---|
| à part | apart | 離れて |
| à travers | across | を横切って |
| au bout de | at the end of | の端に |
| au-dessus de | above | の上方に |
| au-dessous de | below | の下方に |
| au fond | at bottom | 奥に |
| çà et là | here and there | あちこちに |
| en avant | forward | 前方に |
| en arrière | backward | 後方に |
| en face de | in front of | の正面に |
| le long de | along | に沿って |
| loin de | far from | から遠くに |
| par derrière | behind | の後ろに |
| par dessus | over | を越えて |
| près de | near | の近くに |

## 3．程度や様態などの表現

| | | |
|---|---|---|
| à cause de | because of | の理由で |
| à la hâte | in a hurry | 急いで |
| à peu près | nearly | ほとんど |
| à propos | by the way | それはそうと |
| à tout prix | at any cost | 何としても |
| au contraire | on the contrary | それどころか |
| au lieu de | instead of | のかわりに |
| au moins | at least | 少なくとも |
| avec plaisir | with pleasure | 喜んで |
| bien entendu | of course | もちろん |
| d'ailleurs (en outre) | besides | そのうえ |
| entre autre | above all | とりわけ |
| en somme | after all | 結局 |
| grâce à | thanks to | のお蔭で |
| malgré | in spite of | にもかかわらず |
| quant à | as for | については |
| petit à petit | little by little | 少しずつ |
| peu à peu | little by little | 少しずつ |
| pour toujours | forever | 永久に |
| sans cesse | continually | 絶えず |
| tout à fait | quite | まったく |

## 4．接続詞句

| | | |
|---|---|---|
| afin que | in order that | するために |
| à mesure que | as | するにつれて |
| à moins que | unless | でないかぎりは |
| avant que | before | の前に（時間） |
| bien que | though | にもかかわらず |
| de peur que | lest | をおそれて |
| dès que | as soon as | するや否や |
| jusqu'à ce que | till, until | するまで |
| tandis que | while | 一方では |

# 付　　　録

1．数字
2．時間
3．曜日・月・日付・季節
4．国・国籍・言語
5．コンピュータ関連用語
6．英語とフランス語の文法用語対照表

## 1. 数　字

■ 基数(cardinal number/le nombre cardinal)

| | ★英語 | ◆仏語 | | ★英語 | ◆仏語 |
|---|---|---|---|---|---|
| 1 | one | un (une) | 30 | thirty | trente |
| 2 | two | deux | 31 | thirty-one | trente et un |
| 3 | three | trois | 32 | thirty-two | trente-deux |
| 4 | four | quatre | | ... | |
| 5 | five | cinq | 40 | forty | quarante |
| 6 | six | six | 41 | forty-one | quarante et un |
| 7 | seven | sept | 42 | forty-two | quarante-deux |
| 8 | eight | huit | | ... | |
| 9 | nine | neuf | 50 | fifty | cinquante |
| 10 | ten | dix | 51 | fifty-one | cinquante et un |
| | | | 52 | fifty-two | cinquante-deux |
| 11 | eleven | onze | | ... | |
| 12 | twelve | douze | 60 | sixty | soixante |
| 13 | thirteen | treize | 61 | sixty-one | soixante et un |
| 14 | fourteen | quatorze | 62 | sixty-two | soixante-deux |
| 15 | fifteen | quinze | | ... | |
| 16 | sixteen | seize | 70 | seventy | soixante-dix |
| 17 | seventeen | dix-sept | 71 | seventy-one | soixante et onze |
| 18 | eighteen | dix-huit | 72 | seventy-two | soixante-douze |
| 19 | nineteen | dix-neuf | | ... | |
| 20 | twenty | vingt | 80 | eigthy | quatre-vingts |
| | | | 81 | eigty-one | quatre-vingt-un |
| 21 | twenty-one | vingt et un | 82 | eigty-two | quatre-vingt-deux |
| 22 | twenty-two | vingt-deux | | ... | |
| | ... | | 90 | ninety | quatre-vingt-dix |

| ★英語 | ◆仏語 |
|---|---|
| 91 ninety-one | quatre-vingt-onze |
| 92 ninety-two | quatre-vingt-douze |
| | |
| 100 a/one hundred | cent |
| 101 a/one hundred and one | cent un |
| 200 two hundred | deux cents |
| 201 two hundred and one | deux cent un |
| | |
| 1,000　　　a/one thousand | mille |
| 2,000　　　　two thousand | deux mille |
| 1,000,000　a/one　million | un million |
| 1,000,000,000 a/one　billion | un billion |

## ■ 序数 (ordinal number/le nombre ordinal)

| | ★英語 | ◆仏語 | | ★英語 | ◆仏語 |
|---|---|---|---|---|---|
| 1 | first | premier (première) | 11 | eleventh | onzième |
| 2 | second | deuxième (second) | 12 | twelfth | douzième |
| 3 | third | troisième | 13 | thirteenth | treizième |
| 4 | fourth | quatrième | 14 | fourteenth | quatorzième |
| 5 | fifth | cinquième | 15 | fifteenth | quinzième |
| 6 | sixth | sixième | 16 | sixteenth | seizième |
| 7 | seventh | septième | 17 | seventeenth | dix-septième |
| 8 | eighth | huitième | 18 | eighteenth | dix-huitième |
| 9 | ninth | neuvième | 19 | nineteenth | dix-neuvième |
| 10 | tenth | dixième | 20 | twentieth | vingtième |

注)
1. フランス語の基数で cinq, six, huit, dix の後に子音で始まる語がくると，
   それぞれ [sɛ̃], [si], [ɥi], [di] と発音する。
   cinq stylos [sɛ̃ stilo]　　six stylos [si stilo]
2. フランス語の基数は，母音または無音の h で始まる語がくるとリエゾン，アンシェーヌマンをすることに注意。
   　une heure [ynœːr]　　deux heures [døzœːr]
3. 英語の序数は 1st, 2nd, 3rd, 4th, 5th...と省略できる。
   フランス語の序数は $1^{er}$ ($1^{ère}$), $2^e$, $3^e$...と省略できる。

## 2. 時　間

### ■ 時刻 (time/l'heure)

|  | ★英語 | ◆仏語 |
|---|---|---|
| 何時ですか？ | What time is it? | Quelle heure est-il? |
| 2時 | It's two o'clock. | Il est deux heures. |
| 2時5分 | It's five after two. | Il est deux heures cinq. |

＊会話ではよく It's two five. と言う。イギリスでは It's five past two.

| 2時15分 | It's a quarter after two. | Il est deux heures et quart. |
|---|---|---|
| 2時半 | It's half after two. | Il est deux heures et demie. |
| 2時15分前 | It's a quarter to two. | Il est deux heures moins le quart. |
| 2時5分前 | It's five to two. | Il est deux heures moins cinq. |
| 正午 | It's noon. | Il est midi. |
| 零時 | It's midnight. | Il est minuit. |
| 午前7時 | It's 7 a.m. | Il est sept heures du matin. |
| 午後3時 | It's 3 p.m. | Il est trois heures de l'après-midi. |
| 夜の7時 | It's 9 p.m. | Il est sept heures du soir. |

### ■ 時の表現

|  | ★英語 | ◆仏語 |
|---|---|---|
| 5時に | at 5 o'clock | à cinq heures |
| 5時頃 | about 5 o'clock | vers cinq heures |
| 5時ちょうど | at 5 o'clock sharp | à cinq heures précises |
| 5時以降 | after 5 o'clock | à partir de cinq heures |
| 何時に？ | At what time? | A quelle heure? |
| 早くとも | at the earliest | au plus tôt |
| 遅くとも | at the latest | au plus tard |

| | | |
|---|---|---|
| 遅かれ早かれ | sooner or later | tôt ou tard |
| 彼は遅れている | He is late. | Il est en retard. |
| 彼は遅れて来た | He arrived late. | Il est arrivé en retard. |
| 汽車は5分遅れている | The train is five minutes late. / Le train a cinq minutes de retard. | |
| 私の時計は5分遅れている | My watch is five minutes slow. / Ma montre retarde de cinq minutes. | |
| 私の時計は5分進んでいる | My watch is five minutes fast. / Ma montre avance de cinq minutes | |
| 時間どおりに | on time | à l'heure |
| 間に合って | in time | à temps |
| 今日 | today | aujourd'hui |
| 昨日 | yesterday | hier |
| 明日 | tomorrow | demain |
| あさって | the day after tomorrow | après-demain |
| 今朝 | this morning | ce matin |
| 明朝 | tomorrow morning | demain matin |
| 昨朝 | yesterday morning | hier matin |
| 今晩 | this evening | ce soir |
| 明晩 | tomorrow evening | demain soir |
| 昨晩 | yesterday evening | hier soir |
| 1時間 | an hour | une heure |
| 1分 | a minute | une minute |
| 1秒 | a second | une seconde |
| 30分 | half an hour | une demi-heure |
| 15分 | a quarter of an hour | un quart d'heure |

## 3. 曜日・月・日付・季節

■ 曜日 (day of the week/le jour de la semaine)

・曜日は英語は大文字，仏語は小文字。

|  | ★英語 | ◆仏語 |
|---|---|---|
| 月曜日 | Monday | lundi |
| 火曜日 | Tuesday | mardi |
| 水曜日 | Wednesday | mercredi |
| 木曜日 | Thursday | jeudi |
| 金曜日 | Friday | vendredi |
| 土曜日 | Saturday | samedi |
| 日曜日 | Sunday | dimanche |
| 今週 | this week | cette semaine |
| 先週 | last week | la semaine dernière |
| 来週 | next week | la semaine prochaine |
| 毎週 | every week | toutes les semaines |
| 平日 | weekday | jour de semaine |
| 平日に | on weekdays | en semaine |
| 週末 | weekend | fin de semaine (week-end) |
| 2週間前 | two weeks ago | il y a deux semaines |
| 2週間後 | in two weeks | dans deux semaines |
| 月曜日に | on Monday | lundi |
| この前の月曜日に | last Monday | lundi dernier |
| この次の月曜日に | next Monday | lundi prochain |
| 毎月曜日に | on Mondays | le lundi |
|  | every Monday | tous les lundis |
| 今日は何曜日ですか？ | What day is it today? | Quel jour sommes-nous? |
| 月曜日です。 | It's Monday. | Nous sommes lundi. |
| 明日は月曜日です。 | Tomorrow is Monday. | Demain, c'est lundi. |

## ■ 月 (month/le mois)

・月は英語は大文字, 仏語は小文字。

|  | ★英語 | ◆仏語 |
|---|---|---|
| 1月 | January | janvier |
| 2月 | February | février |
| 3月 | March | mars |
| 4月 | April | avril |
| 5月 | May | mai |
| 6月 | June | juin |
| 7月 | July | juillet |
| 8月 | August | août |
| 9月 | September | septembre |
| 10月 | October | octobre |
| 11月 | November | novembre |
| 12月 | December | décembre |
| 今月 | this month | ce mois |
| 先月 | last month | le mois dernier |
| 来月 | next month | le mois prochain |
| 1月に | in January | en janvier ( au mois de janvier) |
| 1月上旬に | at the beginning of January (early in January) /au début du mois de janvier | |
| 1月中旬に | in the middle of January | à la mi-janvier |
| 1月下旬に | at the end of January | à la fin du mois de janvier |

## ■ 日付 (date/la date)

・英語の日付は序数で読む。仏語の日付けは定冠詞 le＋基数，ただし1日（ついたち）だけ le premier。

|  | ★英語 | ◆仏語 |
|---|---|---|
| 今日は何日ですか？ | What's the date today. | Nous sommes le combien ? |
| 5月3日です。 | It's May 3rd. | Nous sommes le 3 mai. |
| 1993年に | in 1993 (nineteen ninety-three) | en 1993 (mil neuf cent quatre-vingt-treize または dix-neuf cent quatre-vingt-treize) |

私は1960年5月6日に生まれた。
　　　　　　　　　I was born on May 6, 1960.　　Je suis né le 6 mai 1960.


## ■ 季節 (season/la saison)

|  | ★英語 | ◆仏語 |
|---|---|---|
| 春 | spring | le printemps |
| 夏 | summer | l'été |
| 秋 | fall（英 autumn） | l'automne |
| 冬 | winter | l'hiver |
| 春に | in spring | au printemps（ただし en été, en automne, en hiver） |

## 4. 国・国籍・言語

### ■ 国 (country/le pays)

・英語は国の名前には冠詞はつけないが，仏語は定冠詞をつける。

|  | ★英語 | ◆仏語 |
|---|---|---|
| 日本 | Japan | le Japon |
| 中国 | China | la Chine |
| 韓国 | South Korea | la Corée |
| フランス | France | la France |
| ドイツ | Germany | l'Allemagne |
| イタリア | Italy | l'Italie |
| スペイン | Spain | l'Espagne |
| イギリス | England (UK) | l'Angleterre |
| アメリカ | America (USA) | les Etats-Unis |
| カナダ | Canada | le Canada |
| メキシコ | Mexico | le Mexique |

・私はスペインが好きだ　　I like Spain.　　J'aime l'Espagne.
・私は日本に住んでいる　　I live in Japan.　　J'habite au Japon.
・私はフランスに行く　　I go to France.　　Je vais en France.

### ■ 国籍 (nationality/la nationalité)

・「〜人」という国籍を表す場合，英語では個人を言う場合と，国民全体をいう場合では，形が異なる場合がある。仏語では男性と女性で形が異なる。

|  | ★英語 | | ◆仏語 | |
|---|---|---|---|---|
|  | 個人 | 国民全体 | 男性 | 女性 |
| 日本 | a Japanese | the Japanese | un Japonais | une Japonaise |
| 中国 | a Chinese | the Chinese | un Chinois | une Chinoise |
| 韓国 | a Korean | the Korean | un Coréen | une Coréenne |

| | | | | |
|---|---|---|---|---|
| フランス | a Frenchman | the French | un Français | une Française |
| ドイツ | a German | the German | un Allemand | une Allemande |
| イタリア | an Italian | the Italian | un Italien | une Italienne |
| スペイン | a Spaniard | the Spanish | un Espagnol | une Espagnole |
| イギリス | an Englishman | the English | un Anglais | une Anglaise |
| アメリカ | an American | the American | un Américain | une Américaine |
| カナダ | a Canadian | the Canadian | un Canadien | une Canadienne |
| メキシコ | a Mexican | the Mexican | un Mexicain | une Mexicaine |

- 彼は中国人です －He is (a) Chinese. Il est Chinois.
- 日本人は勤勉だ －Japanese people are diligent.
  /Les Japonais sont travailleurs.


■ 言語 (language/la langue)

- 言語は英語は無冠詞で大文字，仏語は定冠詞 le をとり，小文字。

| | ★英語 | ◆仏語 |
|---|---|---|
| 日本語 | Japanese | le japonais |
| 中国語 | Chinese | le chinois |
| 韓国語 | Korean | le coréen |
| フランス語 | French | le français |
| ドイツ語 | German | l'allemand |
| イタリア語 | Italian | l'italien |
| スペイン語 | Spanish | l'espagnol |
| 英語 | English | l'anglais |

- 彼はフランス語を上手に話す。 He speaks French very well.
  /Il parle très bien le français.
- フランス語は英語より難しい。 French is more difficult than English.
  /Le français est plus difficile que l'anglais.

## 5. コンピュータ関連用語

| | ★英語 | ◆仏語 |
|---|---|---|
| コンピュータ | computer | l'ordinateur |
| ワープロ | word processor | le traitement de texte |
| モニター | monitor | l'écran |
| マウス | mouse | la souris |
| キーボード | keyboard | le clavier |
| キー | key | la touche |
| カーソル | cursor | le curseur |
| クリック | click | cliquer |
| フロッピーディスク | floppy disk（FD） | la disquette |
| プリンター | printer | l'imprimante |
| ソフトウェア | software | le logiciel |
| ハードウェア | hardware | le matériel |
| パスワード | password | le mot de passe |
| コンピュータゲーム | computer game | le jeu informatique |
| インターネット | internet | l'internet |
| イーメール | e-mail | l'e-mail |
| アイディー | ID | l'identité |
| シーディーロム | CD-ROM | CD-ROM |

■ **インターネットを利用しよう。**

　インターネットを利用して語学学習ができます。無料で利用できるいくつかのURLを下に紹介しましょう。

　多言語間（日本語は使えないものもあります）のオンライン辞書として活用すると便利です。テキスト翻訳・ウェブ翻訳を無料でやってくれます。自動翻訳は現在のところ完璧とは言えませんが，それでも参考にはなるので，賢く使いこなしてみてください。テキスト翻訳の窓にあなたが打ち込んだ英語の文章が，一瞬

でフランス語に変わるのを見ると，自分がまるで魔法使いになったような気分になることでしょう。

http://www.freetranslation.com
http://www.jah.ne.jp/~takanori/dict.htm1#05
http://www.allwords.com/index2.php?v=1076561651

下の URL をクリックして，「ル・モンド」紙をオンラインで読んでみましょう。次にそのページ全体をウェブ翻訳で英語にしてみてください。なんだか変な英語になっているのがわかったら，あなたの英語力はコンピュータより上かも。

http://www.lemonde.fr

## 6．英語とフランス語の文法用語対照表

英語とフランス語では，文法用語にいくつか違いがあります。下に整理してみましょう。（あいうえお順）

| ◆仏語 | | ★英語 |
|---|---|---|
| ○間接目的補語 | → | 間接目的語 |
| ○現在形 | → | 現在進行形と現在形 |
| ○ジェロンディフ | → | 分詞構文 |
| ○状況補語 | → | 副詞および副詞句 |
| ○条件法過去形 | → | 仮定法過去完了形 |
| ○条件法現在形 | → | 仮定法過去形 |
| ○属詞 | → | 補語 |
| ○大過去形 | → | 過去完了形 |
| ○直接目的補語 | → | 直接目的語 |
| ○半過去形 | → | 過去進行形と（未完了の）過去形 |
| ○複合過去形 | → | 現在完了形の一部と（完了した）過去形 |
| ○目的補語（単に補語ともいう） | → | 目的語 |

■ 主要参考文献

- *Harrap's Shorter French and English Dictionary*, Harraps Books Limited, 1991.
- Maxime Koessier, *Les Faux Amis des vocabulaires anglais et américain*, Vuibert, 1964.
- Seympour Resnick, *Essential French Grammar*, Dover Publications Inc, 1962.
- *French made easy*, Hachette, 1991.
- Susan et Daniel Guillot, *Words and Topics : conversations et vocabulaire anglais*, Bordas 1987.
- Gioffrey K.Pullum, *Phonetic Symbol Guide*, Chicago U.P., 1986
- *Le Robert méthodique*, Le Robert, 1982.
- *Dictionnaire du français langue étrangère niveau II*, Larousse, 1979.
- Alain Chamberlain, Ross Steele, *Guide pratique de la communication*, Didier, 1987.
- *Étymologique*, Larousse, 1971.
- *Cut the chat, faux Amis et Mots perfides*, Editions Universitaires, 1989.
- 『ジーニアス英和辞典』(大修館)
- 『ニューセンチュリー和英辞典』(三省堂)
- 『アポロ仏和辞典』(角川書店)
- 『小学館ロベール仏和大辞典』(小学館)
- 『ジュネス』(大修館)
- 『コンサイス和仏辞典』(三省堂)
- 大塚高信他監修『新英語学辞典』(研究社)
- 佐藤喬『英文法の核心』(学習研究社)
- 島岡茂『英仏比較文法』(大学書林)
- 川本茂雄『英語からフランス語へ』(第三書房)
- 田辺貞之助『現代フランス文法』(白水社)

- 大木充，東郷雄二『目でみるフランス語発音入門』（駿河台出版社）
- 石坂忠之『英語活用・暗記本位のフランス単語集』（白水社）
- 田中克彦『現代ヨーロッパの言語』（岩波新書）
- 中尾俊夫『英語の歴史』（講談社現代新書）
- A・クレパン著，西崎愛子訳『英語史』（白水社クセジュ文庫）
- P・バケ著，森本英夫他訳『英語の語源』（白水社クセジュ文庫）
- V・F・ヴァルトブルク著，田島宏他訳『フランス語の進化と構造』（白水社）
- U・T・ホームズ他著，松原秀一訳『フランス語の歴史』（大修館）
- A・ミッテラン著，内海利朗他訳『フランス語の語彙』（白水社クセジュ文庫）
- D・クリスタル著，風間喜代三他監訳『言語学百科辞典』（大修館書店）

英語もフランス語も────比較で学ぶ会話と文法────

2002年12月10日　初版発行
2013年5月30日　4刷発行

　　　　　著　者　藤　田　裕　二・清藤多加子
　　　　　発行者　竹　下　晴　信
　　　　　印刷所　(株)平　河　工　業　社
　　　　　製本所　(株)平　河　工　業　社
　　　　　発行所　株式会社　評　論　社
　　　　　（〒162-0815）東京都新宿区筑土八幡町2-21
　　　　　電話　営業(03)3260-9409　FAX(03)3260-9408
　　　　　　　　編集(03)3260-9403　振替 00180-1-7294

ISBN978-4-566-05739-5　落丁・乱丁本は本社にておとりかえいたします。